IVAN ANDRADE

DENTISTA
ADMINISTRANDO

Copyright© 2022 by Literare Books International
Todos os direitos desta edição são reservados à Literare Books International.

Presidente:
Mauricio Sita

Vice-presidente:
Alessandra Ksenhuck

Diretora executiva:
Julyana Rosa

Diretora de projetos:
Gleide Santos

Capa, diagramação e projeto gráfico:
Gabriel Uchima

Revisão:
Ivani Rezende

Relacionamento com o cliente:
Claudia Pires

Impressão:
Gráfica Paym

Dados Internacionais de Catalogação na Publicação (CIP)
(eDOC BRASIL, Belo Horizonte/MG)

A553d   Andrade, Ivan.
          Dentista administrando / Ivan Andrade. – São Paulo, SP: Literare
     Books International, 2022.
          14 x 21 cm

          ISBN 978-65-5922-332-9

          1. Literatura de não-ficção. 2. Consultórios odontológicos –
     Administração. I. Título.
                                                      CDD 610.6

Elaborado por Maurício Amormino Júnior – CRB6/2422

Literare Books International.
Rua Antônio Augusto Covello, 472 – Vila Mariana – São Paulo, SP.
CEP 01550-060
Fone: +55 (0**11) 2659-0968
site: www.literarebooks.com.br
e-mail: literare@literarebooks.com.br

Quando você quer e acredita,
Deus coloca em nosso caminho a solução
para a realização de nossos sonhos.
Ivan Andrade

DEDICATÓRIA

Dedico este livro a minha família, em especial a minha esposa Renata Cristina Vaz e Araújo Andrade (um presente divino), aos meus filhos Julia Andrade, Ivan Andrade, Estevão Andrade e Maria Isis Andrade.

Aos meus pais, Roldão Andrade Júnior e Ivone Amélia da Silva Andrade, e aos meus irmãos, Ivis Silva Andrade, Ivonise Silva Andrade e Ivana Silva Andrade, por existirem e sempre serem família.

Também dedico este livro a todos os meus alunos e ex-alunos que um dia puderam absorver parte de minha energia.

Aos colegas dentistas do Brasil e exterior que tiveram a oportunidade de passar pelos meus cursos na especialidade de implantodontia, periodontia e outras áreas da Odontologia em que ministro cursos.

A todos os dentistas e empresários que eu pude auxiliar em algum treinamento ou consultoria de gestão e comportamento na área odontológica ao longo de minha carreira.

Dedico pelo simples ato de terem acreditado em meus ideais profissionais e minha filosofia de vida.

AGRADECIMENTOS

Aos colegas de profissão, que sempre me motivaram a publicar meus conselhos e filosofias empresariais e comportamentais.

Aos meus colaboradores, que são a engrenagem e cuidam com tanta dedicação de meus sonhos: a minha clínica, os centros de imagens e o núcleo de pós-graduação.

A todos os professores parceiros de meus cursos, por acreditarem no meu projeto de vida e filosofia de trabalho.

À Editora Literare, por acolher minha obra; à Sra. Ivani Rezende e a toda equipe, por organizar meus pensamentos e também por terem me motivado a seguir nesta jornada de escritor.

Quando queremos e acreditamos, Deus coloca em nossos caminhos a solução para a realização dos sonhos.

PREFÁCIO

Lá pelos meus trinta e poucos anos, desisti da odontologia, não via aí nenhuma perspectiva. Havia me formado há uma década e nada de sucesso nem esperança. Procurei outros caminhos, eventos, produção de *shows*, floricultura e até funerária. Vinte e cinco anos se passaram e, ainda que ganhasse algum dinheiro, a frustração era grande, pois havia sido muito penoso me tornar um doutor para depois deixar a profissão de lado.

Um dia, após perder minha mãe, meu esteio, sem rumo, decidi voltar para a profissão. Achava a Implantodontia muito nobre, tudo de bom. Acertei em cheio! Com meus 55 anos, fui para meu primeiro dia de especialização. Depois de muito tempo, nem me lembrava mais de como anestesiar, nem receitar eu sabia mais.

Primeiro dia, meio assustado, conheci o professor Ivan, um moço tímido, mas de muita atitude que tinha idade para ser meu filho. Logo me levou para comprar anestésico, escolher material, parecia mais como um bom colega do que com o coordenador de cursos em suas várias áreas e especialidades. De caráter, extrema competência, tanta gentileza como poucas vezes vi em toda minha vida, por onde andei. E assim posso falar, pois conheci de perto dezenas de pessoas, em vários estados, de todos os grupos e profissões, do Rotary onde fui presidente à prefeitura de Belo Horizonte, onde fui *boy*, organizador de eventos lidando com artistas a motorista de caminhão.

Eu estava muito perdido, sem saber muito bem o que fazer ao lado de colegas tão jovens. Então, aula após aula, comecei a me espelhar e seguir os conselhos daquele moço.

Fui mudando meu jeito, organizando meus negócios e minha vida. Comecei a observar a importância da palavra (mal) dita, da risadinha fora de hora, dos fios desencapados e soltos em nossa estrutura, da organização, dos detalhes e, principalmente, da conduta e da ética.

Este moço, o professor Ivan Andrade, de educação sólida e focada, é a prova de que trilhar caminhos corretos levam diretamente ao sucesso pessoal e profissional. Ele é prova viva do ensinamento de Buda: "Tudo o que somos é resultado do que pensamos e fazemos".

Este livro deve ser o guia de cada aluno, de cada profissional, inclusive de outros ramos. É o roteiro para se chegar ao sucesso, pois nos ensina desde decidir se devemos escolher um consultório ou uma clínica, mostra ao iniciante como providenciar documentos necessários no início de qualquer empreendimento, orienta a iniciar um grande negócio, demonstra a importância de andar corretamente com relação a órgãos e entidades de classe federais, estaduais e municipais, mostra a necessidade do seguro profissional, dá dicas importantes de como captar e fidelizar clientes. No livro também aprendemos como lidar com a concorrência desleal, nos indica a importância da aparência pessoal, de nossos gestos, do aspecto de nossos consultórios e negócios, até na limpeza de nosso carro as pessoas reparam.

O leitor perceberá a importância de um aperfeiçoamento profissional e da atualização constante de seus conhecimentos; ainda que um consultório ou clínica informatizada será sempre melhor.

Especializei-me com o professor Ivan Andrade e fiz mais de dois cursos de aperfeiçoamento com ele. Minha esposa Vanessa também segue este caminho, aprende com ele a arte da Implantodontia e da Gestão de Clínicas e Consultórios Odonto-lógicos. Quem tiver a oportunidade de acompanhá-lo, de ver sua conduta pessoal e profissional, perceberá que estou sendo econômico nos meus comentários.

Hoje tento aplicar em cada pequeno negócio o que aprendi. Afinal, seguir bons conselhos e enxergar bons modelos vale muito a pena, pois assim nos conectamos com pessoas do bem e trilhamos um caminho de sucesso.

Dr. Marco Antônio R. Lana

SUMÁRIO

INTRODUÇÃO 13

CAPÍTULO 1
Consultório individual ou clínica:
qual a melhor opção? 17

CAPÍTULO 2
Regulamentação e registro:
o que são e para que servem? 25

CAPÍTULO 3
Quais os modelos de parceria para montar
uma clínica com mais consultórios? 31

CAPÍTULO 4
Qual o local ideal para instalar a clínica
ou consultório? 37

CAPÍTULO 5
Os projetos arquitetônico,
hidráulico, de ar comprimido,
vácuo e elétrico são necessários? 43

CAPÍTULO 6
Em quais órgãos devo registrar
a minha clínica ou consultório? 53

CAPÍTULO 7
Como registrar a marca da clínica e difundi-la
para os clientes? 59

CAPÍTULO 8
Onde comprar os materiais de consumo/insumos,
instrumentais e equipamentos?...65

CAPÍTULO 9
Como contratar um colaborador, treinar
e motivar a equipe? 75

CAPÍTULO 10
O que é *checklist* de tarefas e rotinas?.............................81

CAPÍTULO 11
O que é e para que serve o livro-caixa?.............................85

CAPÍTULO 12
Como captar clientes e quais ferramentas
usar para conquistá-los?...91

CAPÍTULO 13
Qual a importância do *software* para
cadastrar os clientes no banco de dados
e gerenciar seu negócio? 95

CAPÍTULO 14
Qual a importância de se construir
uma boa imagem profissional? 101

CAPÍTULO 15
Como funciona o seguro de responsabilidade civil
e o afastamento temporário para dentistas?.................. 107

CAPÍTULO 16
Qual a importância de fazer
declaração de Imposto de Renda? 111

CAPÍTULO 17
Quais as vantagens de continuar os estudos
depois de ter constituído clientela?................................ 115

CAPÍTULO 18
Como devo proceder na primeira consulta
com meu paciente? 119

CAPÍTULO 19
Atender por um plano odontológico próprio ou
de alguma operadora? 121

CAPÍTULO 20
Como lidar com a concorrência desleal? 125

Considerações finais... 127

INTRODUÇÃO

A o longo dos meus mais de 20 anos como especialista na área odontológica, experienciei muitas situações nos atendimentos da minha clínica, como consultor e professor de pós-graduação em universidade. E foram justamente essas situações que me fizeram perceber a importância, como profissional que sou, de exteriorizar o aprendizado que obtive na minha trajetória e, de alguma forma, tornar o caminho do recém-formado mais esclarecido, além do profissional que já atua na profissão há alguns anos, ajudando-os a evoluir em seus pensamentos, propósitos, planejamentos e atitudes.

Hoje sou um profissional bem-sucedido, mas o percurso para chegar ao sucesso apresenta desafios que precisamos aprender a lidar para que possamos superá-los. Já ouvi várias vezes de outros profissionais a pergunta: "O que você faz de diferente que não consegui fazer ainda?". A resposta a essa pergunta é sempre a mesma: "Mantenho-me atualizado e com foco nos meus propósitos". Considero que qualquer profissional, independentemente da área de atuação, precisa se atualizar para que possa acompanhar as novidades do mercado, que é muito dinâmico. Na Odontologia, esse dinamismo é ainda maior.

No começo da minha carreira, montei uma clínica em Arcos, Minas Gerais, onde moro. Como a clínica prosperou rapidamente, resolvi montar mais cinco clínicas em cidades vizinhas. Com o tempo, mais ou menos quatro anos depois, cheguei à conclusão de que não valia a pena ter seis clínicas tão próximas uma da outra. Então, transformei a minha clínica em Arcos em um grande Centro de Atendimento Odontológico e fechei as outras cinco clínicas. Contudo, investi na divulgação da minha imagem profissional nas cidades em que tinha as clínicas para manter a clientela com a mesma excelência de serviço, preço acessível e transparência do trabalho. Assim, a minha decisão estratégica tornou minha gestão mais dinâmica, precisa e satisfatória.

Tomar uma decisão como a que fiz anos atrás não é um processo fácil. Envolve planejamento pessoal, empresarial e uma meta a atingir. Como consultor na área odontológica, explico ao meu cliente que não existe uma fórmula para o sucesso, o que existe é um desejo que será atingido com uma prestação de serviço séria, competente e atualizada. Além de viabilidade financeira para estruturar o que pretende como meta. Não adianta pensar no cliente apenas como um ganho monetário, a Odontologia não trabalha com um produto, mas sim uma prestação de serviço, que envolve profissionalismo, seriedade e carinho ao lidar com aquele que se senta em nossa cadeira para ser atendido.

Desde que me tornei um profissional odontológico, e por amar o que faço, tive como propósito deixar a minha contribuição para a área em que atuo. Para isso, estruturei um curso *on-line*, criei um programa (*software*) de gerenciamento odontológico, hoje usado por mais de 30 mil dentistas do Brasil e do mundo, cursos de especialização em meu Centro Odontológico e em outras instituições de ensino superior, Centro de Radiologia e Imaginologia e o trabalho de consultoria e mentoria para consultórios e clínicas, atuando no plano de gestão na montagem do negócio, orientação na contratação de funcionários, parte financeira e treinamento de colaboradores, e todos os outros processos necessários para o sucesso da nossa empresa chamada clínica ou consultórios odontológicos.

A proposta do livro surgiu com a intenção de deixar mais um legado do meu conhecimento. Ele foi estruturado em 20 perguntas, tanto para implantação do consultório ou da clínica como na gestão do negócio, as quais são frequentes nos treinamentos de equipe e nas aulas dos cursos de pós-graduação e mentorias. Cada pergunta trará informações básicas sobre o assunto tratado e uma visão mais administradora, para que o profissional possa crescer na sua carreira e no seu espaço também.

Este livro é direcionado tanto para o profissional recém-formado na área odontológica, como para empresários que querem ingressar no mundo da Odontologia, também para os dentistas já experientes no seu consultório ou clínica, clínicos gerais e especialistas. É uma referência para o profissional com anos de experiência e que não vê perspectiva de mudança, porque acaba se acomodando na sua rotina e esquece os cuidados básicos com a clínica e com o aperfeiçoamento pessoal, como cursos de especialização. Meu objetivo é instigar esse profissional a se movimentar e melhorar o atendimento a seus clientes e os rendimentos no seu negócio.

Neste livro, você não encontrará uma fórmula para o sucesso, mas diretrizes de comportamento, de organização, de empenho, de motivação para que torne sua clínica ou seu consultório um espaço de excelência. Afinal, não existem fórmulas mágicas, mas sim parâmetros para que possa melhorar a estrutura e o conhecimento para atingir os seus objetivos, chegar ao topo e ganhar dinheiro com isso.

Ao final de cada capítulo, proponho que reflita sobre seus sonhos, seus desejos e objetivos na vida pessoal e na sua carreira profissional, em que aspectos sua atuação neste momento não está favorecendo atingir o que pretende, identifique os pontos positivos e negativos do seu negócio.

Durante a leitura, tenha sempre em mãos um caderno e uma caneta e crie duas colunas: a primeira com o título "Como eu faço" e a segunda com o título "como eu deveria fazer". Sempre que passar por um assunto ou informação que mexa com seu pensamento, transcreva de forma transparente os pontos mais marcantes que chamaram sua atenção e, esporadicamente, retorne a essas anotações e reflita sobre elas após a leitura. Ao retornar a essas anotações, reflita se é o momento da mudança; se não for, estabeleça quando você pretende executar essa mudança.

Se está disposto a mudar e a aprender mais, convido-o para mergulhar nesta consultoria de gestão administrativa e comportamental, para que você, sua equipe, seu consultório ou clínica possam prosperar de forma mais assertiva, primando pelo principal: o atendimento ao cliente.

CAPÍTULO 1
CONSULTÓRIO INDIVIDUAL OU CLÍNICA: QUAL A MELHOR OPÇÃO?

Antes de responder à pergunta que inicia este capítulo, quero que pense como um empreendedor. Você decidirá o caminho a seguir ao longo de sua trajetória e o tipo de rentabilidade que pretende para sua vida. Vá além da visão do profissional recém-formado em Odontologia ou do dentista que está preso em seu consultório particular sem nenhuma visibilidade. Em seu plano de carreira, existem várias opções. Uma delas é montar um consultório, visando a uma clientela mais popular. Nele, seria possível intercalar atendimentos particulares a preços mais acessíveis e completar a renda com planos de saúde, assim teria lucro rápido. Outra opção é o direcionamento para um público mais seleto, com preço diferenciado e poucos clientes por dia. Também pode montar uma clínica popular, com outros profissionais, ter a renda dos convênios odontológicos e um ganho rápido e maior. E, finalmente, pode montar uma clínica de alto padrão em um bairro privilegiado de uma capital ou em um ponto estratégico no interior. Em qualquer um dos casos, você precisa fazer escolhas que nortearão sua vida no decorrer de sua carreira.

Por que digo para pensar sobre essas escolhas assim que concluir o curso universitário ou uma especialidade? Com o decorrer dos anos e da clientela formada, fica mais difícil ampliar o seu negócio. Cada modelo de empreendimento envolve uma série de questões, desde a escolha de um local até a contratação de funcionários. A vida pessoal também impõe encargos a qualquer pessoa que ingressa no mercado de trabalho. Quando você determina o que quer no início da carreira, de forma consciente, equilibrando os riscos e benefícios das suas escolhas, consegue traçar metas e elaborar um percurso com objetivos claros e definidos. Isso faz toda a diferença.

Quanto à pergunta introdutória do capítulo, saiba que é uma dúvida recorrente. Profissionais da área da saúde em busca de expansão de negócios questionam sobre tais modelos, tanto quanto os da área odontológica. O primeiro passo, no caso da Odontologia, é pensar nas vantagens e desvantagens entre consultório e clínica. Tudo depende dos objetivos que você quer atingir e do tanto que pretende trabalhar na administração e no operacional.

É possível dizer que um consultório talvez seja mais vantajoso para dentistas renomados, que já possuem uma clientela formada. Já as clínicas, em parceria com outros profissionais, você sendo o único proprietário ou em uma sociedade, podem ser a opção ideal para aqueles que estão começando e precisam popularizar e divulgar seus tratamentos e serviços. No início de carreira, arcar com as despesas de um consultório de Odontologia sozinho não é fácil, pois isso exige investimento em equipamentos, funcionários (secretária, recepcionista etc.), aluguel de ponto comercial, materiais de consumo, instrumentais, insumos e muito mais. Meu objetivo com este livro é orientá-lo nesse aspecto para que possa ponderar sobre a decisão mais acertada.

Consultório

O consultório particular é um ambiente menor, com número de colaboradores reduzido. É fácil de ser administrado, porque tem gestão prática e otimizada. Nesse caso, você pode ter um ou dois colaboradores e economizar na folha de pagamento. Caso opte por um colaborador, por exemplo, pode interromper o atendimento na hora do almoço. Se preferir manter o consultório aberto em tempo integral, faz-se necessário duas pessoas, uma para o turno da manhã e outra para o da tarde. Note que, em termos de folhas de pagamento, o modelo é apropriado, pois a receita é menor.

Em contrapartida, quanto à rentabilidade, toda a atividade depende de uma pessoa, você, e de seu tempo trabalhado. Se seu atendimento for em período integral, não haverá disponibilidade para gerar receita com novas formas de trabalho ou cursar uma especialização. A falta de perspectiva de crescimento muitas vezes funciona como elemento de frustração profissional e pode levar a problemas de saúde. Fatores a se pensar.

Clínica

A clínica apresenta um espaço físico maior. Você pode atender na sua sala e disponibilizar outras salas para profissionais especializados em habilidades odontológicas similares ou diferentes da sua. Dessa forma, tem parceiros profissionais, fazendo com que o ambiente ofereça multiespecialidades. Esse aspecto é interessante porque, em termos de rendimento, você ganha pelo seu serviço e pelo dos colegas, já que podem trabalhar com convênios e planos odontológicos de forma ampliada. Acrescente a isso o fato de alguns pacientes preferirem atendimentos em locais mais estruturados que ofereçam várias especialidades.

A desvantagem de ter uma clínica é a gestão de um negócio complexo. Além da folha de pagamento ampliada, demanda de estratégias mais definidas e alinhadas ao propósito comum a todos os profissionais que dividem o espaço, também há o gerenciamento de treinamento de funcionários, a rotatividade de horários e maior custo mensal, mesmo com maior liquidez. Esse modelo exige, ainda, atendimento a fornecedores, visão administrativa e clareza comercial para obter sucesso no mercado.

Tabela comparativa

Consultório	Clínica
Folha de pagamento enxuta	Folha de pagamento extensa
Custo fixo menor	Custo fixo maior
Restrito a um profissional	Vários parceiros
Gestão simples	Gestão complexa
Dificulta atividades paralelas	Possibilita atividades paralelas
Poucas especialidades	Várias especialidades

Como profissional odontológico e empreendedor, minha vivência me mostra que existe o tempo certo para cada tipo de empreendimento. Uma pessoa em início de carreira com investimento financeiro limitado deveria adquirir experiência prática em um espaço menor, como um consultório, ou dividir um consultório de atendimento, como uma clínica de pequeno porte, com outro profissional, antes de abrir uma clínica. É interessante, e conveniente, primeiro formar a clientela e começar o negócio com passos curtos. Com base neles, preparar-se financeiramente para passos maiores, com mais experiência de mercado. É necessário sempre avaliar a situação, verificar os riscos e ganhos de cada alternativa antes de tomar qualquer decisão.

Seu perfil

O primeiro questionamento a se fazer é definir qual a sua intenção como profissional. Essa intenção vai ajudá-lo a entender o caminho a seguir. Ela norteará sua jornada como empreendedor. Então, responda às seguintes perguntas:

- O que você espera de sua carreira?
- Como você se vê no futuro?
- Qual sua situação atual?
- Você já adquiriu experiência prática, formou clientela, juntou algum dinheiro?
- Você tem perfil de dentista empreendedor ou perfil de dentista que gosta somente de sentar no mocho e atender?

Para alguns dentistas, a profissão é apenas um *hobby*, uma formação para atender parentes, amigos e para ter uma posição profissional; para outros, é missão de vida, a fonte de lucro que proverá uma existência confortável e o sustento de uma família. No primeiro caso, por exemplo, o melhor seria ter um consultório, visto que atende às necessidades desse perfil de pessoa. No segundo caso, pelo grau de ambição, a clínica seria o mais recomendável.

Tipos de perfis

De acordo com o grau de experiência profissional:

- Dentista recém-formado abrindo imediatamente seu consultório particular;
- Dentista recém-formado abrindo imediatamente sua clínica com mais consultórios, contratando ou fazendo parceria com outros profissionais;

- Dentista já experiente, migrando de consultório e abrindo sua clínica com mais consultórios, contratando ou fazendo parceria com outros profissionais;

- Dentista já experiente tecnicamente, que já trabalhou para outros profissionais, mas nunca teve seu negócio e pretende abrir uma clínica com mais consultórios, contratando ou fazendo parceria com outros profissionais, similar a como trabalhava antes.

De acordo com o nível de empreendedorismo, qual seu perfil?

- **Conservador:** prefere ter horário fixo e trabalhar um determinado número de horas prestando serviço em alguma clínica. Se está feliz com sua rotina, não vejo necessidade de se aventurar no empreendedorismo. Conforme ganhe experiência, se assim o desejar, talvez possa procurar outras clínicas pela possibilidade de um salário maior ou de um ambiente de trabalho mais agradável.

- **Moderado 1:** já presta serviço em alguma clínica, mas quer ter negócio próprio para atender a clientela que está em formação. Atua com atendimento popular em cidade do interior ou capital. Para você, eu recomendaria que pensasse em montar um consultório para atendimentos particulares na demanda que conseguir, seria um extra.

- **Moderado 2:** já presta serviço em alguma clínica, mas quer ter negócio próprio para atender à clientela que está em formação. Atua com atendimento popular na capital ou interior. Para você, eu recomendaria que pensasse em uma clínica com alguns consultórios e poucos dentistas parceiros, mas se conter em gerenciar um único empreendimento.

- **Moderado 3:** quer ter negócio próprio para atender à clientela de perfil mais elitizado. Atua em cidade do interior ou capital. Para você, eu recomendaria que pensasse em montar seu consultório particular ou clínica em um padrão mais elevado, mas se conter em gerenciar um único empreendimento.

- **Agressivo:** quer ser empreendedor, tem o perfil agressivo e mais de empresário do que de dentista, o conhecimento na sua profissão o ajudará a administrar seu negócio com clareza. Esse modelo de profissional possui postura para abrir uma rede de clínicas, montar uma equipe de administração e conseguir gerenciá-la.

Compreendido seu perfil, coloque na balança os prós e contras de todas as situações, para ver o que é melhor para você e suas metas de carreira. O fator financeiro é relevante, pois qualquer que seja o modelo de negócio, clínica ou consultório, haverá investimento a fazer. Ele deve ser considerado em curto e longo prazos.

Ao investir em um consultório, por exemplo, é necessário um levantamento de todos os gastos envolvidos no negócio e confrontá-los com os ganhos. Depois da comparação entre entradas e saídas, avalie se o empreendimento vale a pena. Para que possa entender todos os itens envolvidos nesse modelo, vamos simular a montagem de um consultório.

Se pretende abrir um consultório popular em uma cidade do interior, pode investir em uma casa em um ponto central da cidade. Caso esse consultório seja em uma capital, a questão da segurança deve ser levada em conta, e o valor a ser pago será maior do que o da cidade interiorana. Se a intenção for um consultório mais elitizado, a escolha de um bairro nobre tem custos maiores. Em uma capital, o preço do espaço é duplicado ou até quadruplicado em relação ao de imóveis em bairros periféricos. O imóvel, comprado à vista ou alugado, entra na contabilização do investimento.

Provavelmente, o espaço precisará de reforma para atender a suas demandas e você terá novos gastos, como compra de tinta, gesso, móveis de decoração, equipamentos especializados, ar-condicionado e outros. É um custo considerável para um profissional recém-formado. Avaliar isso antes de empreender pode prevenir endividamentos.

Fidelizar uma clientela também é um processo lento. Vamos supor que tenha investido 40 mil reais em seu consultório. O retorno desse valor levará pelos menos dois anos. Como fica a contratação de funcionários para o suporte dos clientes e os procedimentos diários? Dificilmente conseguirá fazer tudo sozinho, principalmente se o negócio for o sustento da família.

Agora, imagine outra situação. Você tem a clientela formada e já consegue ter lucro. Então, decide ampliar o consultório e transformá-lo em uma clínica. O espaço que tem é amplo e consegue acolher mais dois profissionais. Com mais algum investimento, amplia seu negócio. Mundo ideal. Resultado de um planejamento de carreira bem-feito. Mas e se o espaço do consultório não for suficiente para ampliação? O investimento inicial ficará perdido se tiver que mudar de lugar.

São muitas as variáveis e todas elas dependem do seu perfil. Não existe certo ou errado, apenas quem você é e como pretende desenvolver sua atuação no mercado de trabalho. Também é possível mudar de ideia ao longo da vida. Com clareza e um bom planejamento, as transições tornam-se fluidas.

CAPÍTULO 2
REGULAMENTAÇÃO E REGISTRO: O QUE SÃO E PARA QUE SERVEM?

C omo várias atividades profissionais, a de dentista também é regulamentada. Regulamentar uma profissão significa definir por lei as competências e habilidades que o profissional deve ter para exercê-la e os direitos e deveres a ela atribuídos. Significa ter o reconhecimento do Estado, ou seja, existir de fato e de direito como profissional.

A área da saúde, como dentistas, farmacêuticos, fisioterapias, médicos e outros, envolve atividades que podem causar danos à vida e à sociedade. A regulamentação visa garantir a qualificação desses profissionais, habilitando-os a participarem do mercado de trabalho de forma ética e responsável.

O registro em órgãos competentes é uma proteção para o profissional odontológico. Comprova que ele está apto a atuar em todas as áreas de sua formação e oferece respaldo quanto aos seus direitos junto aos conselhos regionais. Um profissional que não realiza o registro é considerado ilegal no exercício de sua atividade, pode sofrer sanções judiciais e até perder a credencial. A profissão de dentista é regulamentada por um órgão de classe, o Conselho Federal de Odontologia (CFO). Para trabalhar como dentista, o registro é obrigatório.

Assim que o formando conclui o bacharelado, e com o certificado de conclusão de curso em mãos, deve procurar o Conselho Regional de Odontologia (CRO) do seu Estado para realizar o registro. Cada

Estado tem um CRO; por exemplo: em Minas Gerais, CROMG, em São Paulo, CROSP, na Bahia, CROBA. Dependendo do Estado, os Conselhos Regionais ou Estaduais têm delegacias regionais, que são escritórios no interior do Estado, para facilitar os processos de registros e a fiscalização de consultórios e clínicas.

Os CROs de cada Estado são responsáveis pelos registros de cirurgiões-dentistas (pessoas físicas), de clínicas ou laboratórios (pessoas jurídicas), também de TPD – técnicos em prótese dentária, ACD – auxiliares de cirurgião-dentista e THD – técnicos em higiene dental.

Pessoa física (PF) é a nomenclatura que se dá a um indivíduo concreto, de carne e osso, como eu e você. O Cadastro de Pessoa Física, nosso CPF, por exemplo, é um documento feito pela Receita Federal para nos identificar como contribuintes de Imposto de Renda. Esse número é nosso por toda a vida. O CRO de cada Estado emitirá para o profissional habilitado um número de registo próprio, pessoal e intransferível.

Pessoa Jurídica (PJ) é a nomenclatura que se dá a uma entidade formada por uma ou mais pessoas físicas para prestação de serviços, produção ou venda de produtos. Qualquer empresa, clínica odontológica, laboratório de prótese, consultório ou clínica específica de radiologia, tomografia e imaginologia entra na categoria de pessoa jurídica. O registro como PJ também terá um número específico no CRO, mas primeiramente deve ser realizado o Cadastro Nacional de Pessoa Jurídica (CNPJ), garantindo a legalidade do negócio.

CRO

De acordo com a Lei 4.324-64, Lei Federal 9.784-99 e Decreto 68.704-71, cabe ao profissional da Odontologia realizar o registro para atender às normas vigentes no código. O Código de Ética Odontológica, resolução CFO-118/2012, regula os direitos e deveres do cirurgião-dentista, profissionais técnicos e auxiliares, pessoas jurídicas que exerçam atividades na área de Odontologia, em âmbito público e/ou privado, sendo a inscrição obrigatória nos Conselhos de Odontologia.

Segundo os artigos 2º e 3º do Código de Ética Odontológica, a Odontologia é uma profissão que se exerce em benefício da saúde do ser humano, da coletividade e do meio ambiente, sem discriminação de qualquer forma ou pretexto. Portanto, cabe aos profissionais da Odontologia, como integrantes da equipe da saúde, dirigir ações que satisfaçam as necessidades de saúde da população e da defesa das políticas públicas que garantam a universalidade de serviços dos indivíduos, participação da comunidade, hierarquização e descentralização político-administrativa dos serviços de saúde.

A principal finalidade do CFO por meio dos CROs é a supervisão da ética odontológica em todo o território nacional, zelando pelo bom conceito da profissão e dos que a exercem legalmente. Para cumprir essa missão, o CFO legisla por meio de atos normativos, julga processos éticos e centraliza as informações sobre cursos de especialização registrados e reconhecidos, e sobre o número de inscritos em todo o Brasil, entre cirurgiões-dentistas, auxiliares de saúde bucal, técnicos em saúde bucal, técnicos em prótese dentária, auxiliares de prótese dentária e clínicas odontológicas. O portal do CFO viabiliza o acesso às informações e ações concentradas por essa autarquia e oferece uma série de serviços *on-line*. Isso facilita o contato mais direto para a classe odontológica e para a população em geral que, em última análise, é a razão da existência do CFO e de cada CRO.

É interessante destacar que o Código de Ética Odontológica fiscaliza as clínicas e os consultórios e garante os direitos do profissional dentista. Além do mais, pela fiscalização, identifica possíveis irregularidades, adverte e até pune os profissionais não habilitados ou profissionais habilitados que descumprem as regras, fortalecendo e preservando a imagem da classe odontológica.

Documentos necessários para realizar o registro no CRO ou delegacia:

- Certificado de conclusão de curso de bacharelado em Odontologia;

- Histórico escolar;

- RG do profissional;

- Comprovante de residência;

- Pagamento da taxa de adesão, a qual será cobrada anualmente para manutenção do registro para que fique ativo.

O ideal é o próprio profissional realizar o registro. Caso não seja possível e necessite enviar um representante, deve encaminhar uma carta de procuração devidamente registrada em cartório.

O registro possibilita ao profissional:

- Abrir a própria clínica odontológica ou trabalhar como autônomo;

- Ser responsável técnico pela clínica odontológica ou exercer parceria profissional;

- Atuar em todas as áreas da Odontologia, com as devidas especializações;

- Ser capacitado para aprovação em concurso público;

- Trabalhar como cirurgião-dentista.

É importante que o profissional se atualize constantemente para que tenha condições e melhor preparo para trabalhar com alguns procedimentos e os avanços na área odontológica. O registro garante atuar em todas as áreas. Se o profissional não apresentar a documentação dos cursos de especialização, pode ter problema com a fiscalização. Um dos benefícios de possuir o registro é ter acesso a cursos de especialização, capacitação e aperfeiçoamento; às vezes, gratuitos.

O registro no CRO é obrigatório para quem pretende:

- Trabalhar em serviço público;
- Abrir seu consultório particular;
- Ser responsável técnico;
- Trabalhar em clínica como parceiro ou dentista contratado.

Então mantenha a regulamentação adequada para que possa exercer sua profissão com qualidade e respeito aos seus clientes.

CAPÍTULO 3

QUAIS OS MODELOS DE PARCERIA PARA MONTAR UMA CLÍNICA COM MAIS CONSULTÓRIOS?

C ada negócio tem sua particularidade, porém a satisfação dos parceiros profissionais é o segredo para uma clínica ou consultório manter credibilidade. Ao montar um consultório ou uma clínica, o profissional precisa ter em mente como pretende gerir seu negócio. Alguns profissionais preferem controlar o negócio, tencionando assim manter maior lucro ou mesmo evitando determinadas situações conflitantes. Outros preferem obter rendimento menor garantindo ao seu profissional parceiro maior autonomia. Independentemente do formato que dará ao seu negócio ou o seu estilo de administração, o importante é garantir parcerias sérias e com menor grau de rotatividade possível, para que seu espaço seja reconhecido pela excelência de serviços prestados e confiabilidade nos profissionais que atuam junto à clientela.

Parceria contratada

Um modelo possível de parceria é a contratada. Você firma um contrato de trabalho com seu parceiro profissional, que passa a atuar como um funcionário do consultório ou da clínica. Nesse caso, o profissional tem carteira assinada, com todos os direitos legais garantidos:

- Décimo terceiro salário;

- FGTS;

- Aviso-prévio;

- Abono salarial PIS/Pasep;

- Repouso semanal remunerado;

- Vale-transporte;

- Auxílio-doença;

- Faltas justificadas;

- Férias remuneradas;

- Seguro-desemprego;

- Horas extras;

- Adicional noturno;

- Intervalo;

- Licença maternidade/paternidade;

- Auxílio-família, em caso de dependentes menores de idade.

O profissional contratado recebe um salário fixo no final do mês, estipulado de acordo com a demanda da clientela/pacientes. A vantagem de uma parceria contratada é ter o dentista à sua disposição todos os dias da semana em horário comercial, das 9h às 18h. As desvantagens são a rotatividade de profissionais, a contratação de profissionais recém-formados ou quase sem experiência e a motivação (desmotivação) do dentista ao ter conhecimento de profissionais com o mesmo tempo de trabalho ou até menos experiência ganhando mais em outras clínicas.

Parceria alugada ou sublocada

A parceria alugada ou sublocada é uma possibilidade de negócio. Se você tem um espaço disponível para que outro dentista possa atuar, pode alugá-lo para um consultório individual ou sublocar uma sala dentro do seu consultório, caso tenha um ambiente disponível ou outras salas da sua clínica. Nesse caso, o parceiro profissional paga um valor de aluguel por mês, terá a sala para atendimento com todo o equipamento necessário, material de insumo, resina, algodão, recepcionista para agendar a consulta, serviço de limpeza e auxiliar, podendo atender quantos pacientes quiser nos horários que determinar.

Esse tipo de parceria tem como vantagem o acréscimo do valor do aluguel garantido todo mês, a rotatividade no atendimento a clientes e a satisfação do parceiro profissional, que poderá formar a sua clientela. Contudo, um transtorno nesse tipo de parceria é a obediência (desobediência) às regras da clínica e à manutenção de uma mesma tabela de preços, para que não se crie uma concorrência desleal ao dentista proprietário do espaço ou aos outros profissionais que por ventura estejam alugando ou sublocando outros espaços dentro da estrutura. Se os termos da parceria forem acordados com clareza no início das conversas, essas questões podem ser minimizadas. Seria bom que as partes redigissem e assinassem um termo de compromisso em que cada uma declara estar ciente e de acordo com as regras combinadas, responsabilizando-se por eventuais danos que o não cumprimento delas possa causar.

Parceria de porcentagem

Esse tipo de parceria é o mais recomendável, mesmo com algumas ressalvas. Se você possui uma clínica e tem espaço disponível para parceiros dentistas, pode estabelecer dois modelos de porcentagem. No primeiro modelo, fica estabelecida maior porcentagem do lucro para o dono da clínica. Nesse caso, o dono fornece o espaço com todos os equipamentos, instrumentais, insumos, remessas laboratoriais e despesas administrativas como recepcionista, auxiliar, limpeza, contas de água, luz e outros. Sua função é apenas fiscalizar o trabalho do parceiro profissional, que entra somente com a mão de obra técnica. Aqui é interessante determinar os deveres e direitos de cada um para que não haja qualquer tipo de conflito interno.

A vantagem de uma parceria como essa é o recebimento de um porcentual maior ao final do mês, sendo uma média de 60% da receita para a clínica e uma média de 40% para o dentista parceiro. As desvantagens, em geral, relacionam-se à falta de autonomia do profissional parceiro, que pode gerar discussões de caráter administrativo. Um exemplo comum é ele não estar autorizado a solicitar e efetuar a compra de equipamentos e insumos para a prática odontológica. A falta de qualquer item no momento do atendimento gera atrasos e descontentamentos.

No segundo modelo de parceria, o dono da clínica fica com a porcentagem menor. Nesse caso, o dentista parceiro encarrega-se da aquisição dos instrumentais, dos insumos, da remessa de laboratórios e da agenda de clientes. As despesas administrativas como recepcionista, auxiliar de limpeza, contas de água, luz e outras são de responsabilidade da clínica. Mesmo a receita do proprietário da clínica sendo menor, uma média de 60% para o parceiro e uma média de 40% para a clínica, o profissional sente-se valorizado e estabelece uma relação de confiança com o espaço, fidelizando clientes e tempo de casa. Isso é vantajoso para ambos, o proprietário da clínica e o parceiro. Afinal, o sucesso do negócio está diretamente ligado à satisfação do dentista com o qual fez a parceria.

Condomínio odontológico

Esse tipo de parceria não é tão empreendedora, pois o dentista não terá lucro no trabalho dos parceiros. O objetivo da parceria é diminuir as despesas fixas mensais, como aluguel, água, luz, salário dos funcionários etc. Basicamente, a parceria acontece da seguinte forma: um grupo de profissionais se reúne, aluga um espaço, cada um fica na sala escolhida e divide todas as despesas administrativas em comum. As despesas individuais dos consultórios como mobiliário, equipamentos instrumentais, materiais de consumo, secretária e auxiliar personalizada são de responsabilidade de cada profissional.

Participação na receita bruta

Neste tipo de parceria, o dentista é convidado a ser parceiro da clínica e recebe um percentual sobre o lucro bruto da clínica, que pode variar entre 3% e 10%.

A clínica e seu proprietário oferecem todos os materiais de consumo, insumos, equipamentos, administração, gestão completa, o dentista entra somente com seu serviço especializado ou de clínica geral.

O importante para o proprietário é definir o seu teto de receita. Exemplo: 60% sobre o lucro bruto, o restante dividir entre os profissionais parceiros que estão atendendo na clínica.

É importante ressaltar que, quanto mais dentistas trabalham na clínica, menor será a porcentagem individual.

Este tipo de parceria costuma gerar muita insatisfação dos profissionais, pois a porcentagem que recebe é sobre o lucro bruto da clínica, independentemente de sua produção, ou seja, caso outro parceiro trabalhe menos, a porcentagem de sua produção será dividida igualmente entre todos.

CAPÍTULO 4
QUAL O LOCAL IDEAL PARA INSTALAR A CLÍNICA OU CONSULTÓRIO?

A pesar de a dúvida ser muito comum, a resposta a esta pergunta é que não existe um local ideal para montar o consultório ou a clínica. O que existem são possibilidades envolvendo alguns fatores positivos e negativos. Antes de mais nada, você precisa planejar o que pretende como profissional, que tipo de público pretende atender e se quer montar um consultório ou uma clínica.

Lembra-se do início deste livro, quando apresentei alguns exemplos de perfis profissionais? Então, você já sabe qual é o seu? Conhecer seu perfil é a base sobre a qual sua carreira pode ser construída para que atenda seu propósito de vida. O planejamento de sua carreira como profissional da área odontológica é a ferramenta mais poderosa na conquista do que deseja como empreendedor.

Moderado 1

Se não quer ter preocupação com muitos funcionários, o ideal é montar um consultório. Assim, poderá atender a sua clientela, fazer seus horários e cuidar do seu espaço. Nesse caso, a forma de divulgação do seu consultório será boca a boca, ou seja, um cliente faz um atendimento com você e indica outro cliente. A clientela aumenta porque tem como referência sua credibilidade. Aqui também entra outra reflexão para o seu planejamento, o tipo de público que pretende atender. Caso a sua opção seja para um público classe A, com maior poder aquisitivo, você precisa montar o seu consultório visando a lugares onde esse tipo de público costuma frequentar: principais avenidas comerciais nas grandes cidades ou em uma região interiorana, principais *shoppings* da cidade que atendam a um público de elite, centros comerciais com excelência, dividindo espaço com profissionais conceituados de outras áreas. Agora, caso a sua pretensão seja das classes B e C, com poder aquisitivo reduzido, você precisa procurar um local próximo aos bairros centrais nas grandes cidades ou até mesmo em cidades menores no interior, de preferência onde tenha comércio de rua e circulação de pessoas com maior incidência para que tenha visualização.

Moderado 2, 3 e agressivo

Se pretende iniciar um empreendimento como uma clínica e está disposto a administrar um espaço maior, com mais funcionários, parceiros profissionais, você precisa procurar um imóvel que comporte o seu projeto e pensar no tipo de público que quer atender. Por exemplo, se for a classe A, deve procurar um espaço em grandes avenidas das principais cidades, onde tenha visibilidade e ofereça comodidade ao seu cliente. Nesse caso, você deve investir muito no seu espaço físico, contratando arquitetos renomados, decoradores e toda uma infraestrutura para atender o público da elite. Essa infraestrutura contempla manobrista, recepcionistas com mais qualificação profissional, segurança especializada, copeira e outros profissionais gabaritados para que seu cliente tenha uma experiência única. Você também deve investir em um espaço com multiespecialidades para que seu cliente consiga realizar exames simples e complexos dentro da própria clínica, sem precisar usar outras clínicas ou centros de imagem. Agora, o mais importante é a estratégia de comunicação visual. Sua clínica necessita de uma marca para ser conhecida, de preferência, um nome de fácil assimilação e que represente o padrão da sua clientela. Nesse caso, o mais indicado é contratar uma excelente equipe de *marketing* para a criação do logo, do site da clínica e fazer a propaganda do espaço em redes de televisão, *shopping*, jornais, revistas, internet e outros multimeios.

Se sua pretensão é montar uma clínica que atenda a públicos B e C, você também precisa investir em um espaço com visibilidade, mas em avenidas próximas a bairros, de preferência em pontos estratégicos, como estações de metrô, com grande circulação de linhas de transporte urbano, para facilitar o acesso. Não recomendo aqui estruturar seu espaço em regiões isoladas e que não tenham transporte com fácil acesso, mesmo que o imóvel ou o terreno tenha um preço de aluguel ou de venda mais tentador. Lembre-se de que o investimento que fará em uma clínica deve ser planejado, para longo prazo.

No caso da clínica popular, o mais interessante é investir em um ambiente agradável, otimizando todas as possibilidades de aproveitamento do imóvel. Para isso, contrate um arquiteto e um decorador que deixem o seu espaço otimizado e confortável. Como o acesso é próximo a linhas de transporte urbano e metrô, seu foco será um público que circule bastante por esse trajeto, o que favorece a visibilidade. Consequentemente, a propaganda da sua marca (clínica) é favorável nesses espaços de circulação, pela facilidade de acesso.

Como as clínicas normalmente são de multiespecialidades e muitas delas optam pelo atendimento com planos de saúde odontológicos, a circulação de pessoas é um fator importante. Dependendo do exame que o paciente precise, ele pode circular pela clínica mais popular como pode fazer uso da clínica mais elitizada. A relação é o custo-benefício e as oportunidades de atendimento e serviços oferecidos.

Ao profissional dentista e futuro empreendedor, consultório ou clínica é questão de planejamento e de quanto você tem para investir e de como pretende se arriscar. Em grandes cidades ou em cidades interioranas, as oportunidades são as mesmas, depende da sua intenção. Contudo, você precisa ter em mente que o seu gasto maior não é com os investimentos em aparelhos e materiais, mas sim com o espaço, seja alugado ou comprado.

Comprar ou alugar um imóvel?

Essa é outra pergunta comum a qualquer profissional que inicia seu negócio. Como empreendedor na área e pela minha experiência como proprietário de várias clínicas e consultórios, recomendo que, após o planejamento, alugue um espaço antes de comprá-lo. Muitas vezes imaginamos que determinado lugar é um ponto favorável para montar um consultório ou uma clínica por ter circulação de pessoas, ser de fácil acesso e por possuir visibilidade.

A rotina e a convivência no local, entretanto, revelam que não temos a devida visualização, e clientes reclamam pela dificuldade de estacionar ou mesmo pela segurança. Com isso, perdemos clientes em vez de fidelizá-los. Numa situação como essa, se tivermos investido na compra do imóvel ou do terreno onde está a clínica, por exemplo, temos um problema. A negociação para a venda do espaço pode não ser tão fácil e perderemos parte do investimento realizado com móveis planejados, reforma do espaço, adequação das salas. Se o imóvel for alugado, considero que as perdas sejam menores, mesmo sendo necessário investir em um novo local.

O mais importante em todo o processo de adequação da sua trajetória profissional e como empreendedor é ter uma definição clara de planejamento. O planejamento é essencial para qualquer situação da vida, profissional e pessoal. Por exemplo, se quiser viajar para o exterior, é importante planejar seus gastos, prever investimentos e ter uma reserva para propensões futuras. Assim, não se perderá em dívidas ou em empréstimos bancários a juros altíssimos.

Antes de pensar no seu negócio, coloque-se diante de seu computador e revisite seu perfil, respondendo às seguintes perguntas:

- Qual o modelo de empreendimento mais adequado para atingir meus desejos profissionais?
- O que pode ser feito de imediato?
- O que precisa ser feito aos poucos?

Respondidas a essas perguntas, elabore um planejamento de curto, médio e longo prazos. A cada mês, olhe para esse planejamento e veja se consegue prever gastos ou realizar investimentos. Não compre um material, não invista em um aparelho ou mobiliário sem planejamento. É preferível dar um passo por vez do que se endividar e não conseguir pagar o que deve, ficando refém de juros bancários. Ser precavido é sempre o melhor a se fazer, principalmente quando se é autônomo e as crises econômicas modificam o cenário de tempos em tempos.

Imóvel alugado

Alugar um imóvel tem vários pontos a considerar, além do valor mensal do aluguel. O primeiro aspecto é restringir os investimentos no espaço. O ideal é buscar soluções simples, como uma pintura ou mesmo papel de parede, em vez de itens mais caros de decoração. Vale procurar móveis usados ou comprados em lojas mais populares, para manter o espaço bem-arrumado. Não recomendo móveis planejados, pois dificilmente podem ser reaproveitados em outro espaço. Meu conselho é investir na aparelhagem do consultório, porque ela seguirá com você para onde for. Alugar um imóvel não deve ser uma opção vitalícia. Penso que deva ser uma condição provisória, enquanto você forma sua clientela e busca o lugar ideal para se instalar de forma definitiva.

Imóvel comprado

Como disse, essa é uma opção de longo prazo, assim que definir o melhor lugar para instalar seu consultório ou clínica. Para você realizar a compra de um terreno ou mesmo de um imóvel, necessita de uma reserva de dinheiro que deve ser acumulada ao longo de sua trajetória profissional. Não recomendo que realize investimentos e parcelamentos altos em bancos para a compra do imóvel. Em caso de alguma instabilidade no negócio, você corre o risco de perdê-lo e desperdiçar tudo que investiu. Como empreendedor na área, recomendo sempre que dê o passo conforme suas possibilidades. No começo da carreira, é comum se ter grandes ambições. Muitas vezes, as decisões menos assertivas complicam nossa vida profissional e pessoal, principalmente se dependemos do investimento feito. Então, coloque os pés no chão e vá com calma.

O imóvel adquirido é seu. Nele, você pode fazer todas as reformas que desejar, comprar os materiais que considerar interessantes, colocar todos os móveis planejados e realizar todo investimento que conseguir. Essa é a grande vantagem. Tudo pode ser planejado e não precisa ser de um dia para o outro. Você pode investir aos poucos, sem correria nem desespero. Primeiro compre o imóvel, aos poucos invista em melhorias que beneficiem sua clientela e sua profissão.

CAPÍTULO 5

OS PROJETOS ARQUITETÔNICO, HIDRÁULICO, DE AR COMPRIMIDO, VÁCUO E ELÉTRICO SÃO NECESSÁRIOS?

Antes de montar seu consultório ou clínica, é fundamental que tenha um projeto arquitetônico do seu espaço, bem como a parte hidráulica e elétrica. Para isso, você necessita de uma excelente parceria de engenheiro e arquiteto que realmente entendam de construções na área da saúde, principalmente na odontológica. E para ter mais garantias ainda do serviço que será realizado no seu espaço, você também precisa conhecer o assunto, estudar o projeto e participar da construção ou reforma do ambiente. Só assim terá efetividade no trabalho e evitará problemas futuros.

Se for comprar um espaço para montar seu consultório ou clínica, peça ao antigo proprietário a planta estrutural do prédio, constando as informações da estrutura, da parte hidráulica (água e esgoto) e da parte elétrica, para que possa apresentá-la ao arquiteto antes de realizar a reforma. Somente com a planta estrutural analisada, você pode quebrar uma parede ou coluna, por exemplo. Além disso, pode avaliar melhor a saída de esgoto e o encanamento de água, que serão importantes na adequação do equipamento da sua sala de dentista, como a cadeira odontológica. Caso você opte pela construção do seu consultório ou da sua clínica, caberá ao engenheiro montar a planta estrutural do espaço, antes do arquiteto assumir a obra.

O projeto estrutural (também conhecido como cálculo estrutural) é definido pelo conjunto de informações a respeito do dimensionamento de toda estrutura que fará parte de uma edificação. Nesse sentido, podemos incluir: vigas, lajes, estruturas metálicas, pilares, fundação, alvenaria estrutural. A ideia é que o projeto estrutural seja utilizado como um instrumento cujo objetivo é trazer mais segurança à condução da obra, economia no planejamento do orçamento e na própria resistência e durabilidade do empreendimento. Sua importância se define pela precisão nos cálculos, para evitar custos a mais e desnecessários para a conclusão da obra e erros de dimensionamento, que podem apresentar problemas em revestimentos ou mesmo no teto e paredes da estrutura.

Em caso de um espaço alugado, você também deve solicitar ao proprietário do imóvel a planta estrutural, a planta hidráulica (água e esgoto) e a planta elétrica. De qualquer forma, você terá que investir em uma reforma para adequação da cadeira de dentista, principalmente se optar por realizar cirurgia. Nesse caso, também necessita de um arquiteto especializado em construção e reforma na área da saúde para que possa realizar o projeto de forma a evitar problemas futuros, principalmente de entupimento do cano de esgoto que servirá à cadeira do dentista. Acúmulo de coágulos de sangue, resíduos de restaurações ou outros produtos, com o decorrer do uso, provoca entupimento. E se isso acontecer, o gasto é grande, porque terá que quebrar todo o espaço embaixo da cadeira para a troca das tubulações.

O que você precisa verificar para a instalação da cadeira odontológica?

Antes de instalar a cadeira de dentista no seu consultório ou na sua clínica, você precisa observar os pontos hidráulicos e elétricos do espaço, por meio da planta estrutural. É importante que tenha em mente que a cadeira odontológica necessitará de um sistema de sucção, bomba a vácuo, circuito hidráulico de água limpa, esgoto e sistema de ar comprimido. Para que tenha uma ideia, a caixa de comando da cadeira odontológica mede 30x30 e, para que possa funcionar, necessita de água, saída para esgoto, bomba de sucção (em caso de cirurgia), sistema de ar comprimido para instalação do compressor e eletricidade para operar a caixa de comando.

Para instalar a bomba a vácuo, não se pode usar cano de ½", mas sim de ¾" com curva longa. Se utilizar curva em 45 graus ou T, por exemplo, depois de um ano ou mais em utilização, ocorrerá entupimento e você terá que quebrar toda a parte interna para conseguir desentupir. Imagine o transtorno na sala do consultório ou da clínica, e mais ainda, a questão de gastos. Outra recomendação é que a bomba a vácuo não seja instalada no andar de cima do imóvel. Ela deve ser instalada no nível do solo ou abaixo, para que tenha mais pressão na bomba, em caso de uma clínica com muitas salas. Além disso, a bomba a vácuo promove muito ruído, por isso não pode ficar na parte interna do consultório, mas sim do lado externo de sua clínica ou consultório.

Exemplos de curva longa, curta e T para esgoto PVC branco.

Outro aspecto importante a verificar é com relação ao compressor. Na instalação da clínica, o ideal é usar mangueiras flexíveis de alta pressão ou tubulação rígida própria para ar comprimido, com circuito de consultório. Um compressor pode dar assistência para até 15 consultórios, dependendo da capacidade do aparelho. Se os canos de alta pressão ou mangueiras forem bem soldadas e adaptadas, você terá um sistema de compressão eficiente.

Exemplo de um compressor odontológico isento de óleo, 120lbs, 2hp 220v.

Exemplo de uma mangueira para sugador odontológico (Pu).

Exemplo de uma mangueira de ar (equipamento).

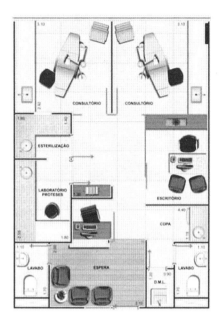

Exemplo de uma planta de um consultório simples.*

O que deve chegar à caixa de comando da cadeira de dentista?

A caixa de comando é onde chegam todos os recursos que são necessários para que a cadeira odontológica funcione. A seguir, a lista com os cinco itens necessários que deve conter um espaço aproximadamente de 25 cm x 25 cm:

- Um cano de água ½" com uma luva de rosca;
- Um cano de ¾" de bomba a vácuo;
- Cano de 50mm ou 40mm de esgoto;

---

* Planta Consultório Odontológico. Disponível em: <https://br.pinterest.com/pin/550776229412145897/>. Acesso em: 3 de mar. de 2021.

- Mangueira de alta pressão do ar comprimido para o compressor;
- Ponto de energia 110v ou 220v, dependendo da cadeira adquirida.

Como posso lidar com as questões da reforma do consultório para evitar problemas posteriores?

Você não precisa ter formação em Arquitetura ou Engenharia para participar ativamente da reforma ou construção do seu consultório ou da sua clínica. Menos ainda, fazer qualquer curso de capacitação para esse processo. Antes de mais nada, faça algumas perguntas básicas do que apontei neste capítulo ao arquiteto que assumirá sua obra. Caso ele não consiga oferecer uma resposta condizente, é sinal de que não está preparado para lidar com a sua obra. Uma pesquisa prévia com outros profissionais que atendam na mesma região é válida para obtenção de informações que possam orientar a contratação de um profissional de qualidade.

Toda construção e reforma envolve paciência e, acima de tudo, eficiência. Portanto, colocar as decisões do trabalho nas mãos de terceiros não é a alternativa mais coerente. Aconselho que participe de todas as etapas da obra, desde a planta estrutural até o projeto do arquiteto. Estude a planta, calcule os dados, questione o profissional, faça sugestões e participe da compra dos materiais. Hoje, com a variedade de lojas especializadas em construção, temos uma infinidade de produtos, marcas e preços. Às vezes, vale a pena pagar um valor a mais e comprar um produto com maior qualidade. Mas nem sempre o produto com valor maior é o melhor. Tenha em mente que os profissionais podem orientar o trabalho, mas é você que decide o melhor a se fazer. O investimento é seu e o custo é alto, faça o melhor para não se arrepender mais tarde.

O espaço que disponibilizar ao seu público dirá muito da sua imagem como profissional. Um cliente pode até procurar os seus serviços, mas se ele for criterioso e observador, ao se deparar com fios soltos ou canos externos espalhados pelo ambiente, sem qualquer preocupação com a estética, com certeza ele não retornará. Você impactará o seu paciente de forma negativa. O seu consultório e a sua clínica são parte do seu *marketing* pessoal e profissional. Lembre-se disso no momento de realizar uma obra pela metade ou em um investimento sem cuidado com o que vai entregar como produto. Muitas pessoas agem dessa forma e acabam perdendo pacientes. Então cuide da sua imagem e da imagem do seu consultório ou clínica.

A seguir, uma sugestão de itens básicos que devemos ter em uma clínica ou consultório odontológico.

Esboço geral dos espaços necessários para um consultório simples

- Salas de atendimento odontológico (consultório com a cadeira odontológica);

- Recepção;

- Banheiro misto para pacientes e funcionários.

Esboço geral dos espaços necessários em uma clínica odontológica

- Salas de atendimento odontológico (consultórios);

- Recepção;

- Banheiros feminino e masculino para pacientes;

- Banheiros feminino e masculino para dentistas e equipe;

- Escritório administrativo;
- Corredores;
- Sala de DML (Depósito de Materiais de Limpeza);
- Sala de esterilização (esterilização dos instrumentais);
- Sala de expurgo (lavagem e desinfeção de materiais);
- Cozinha/copa ou espaço de convivência;
- Laboratório de prótese para manipulação, recorte de gesso e trabalhos simples ou avançados de prótese.

Dentro do espaço de atendimento (consultório odontológico)

Bancada auxiliar kart com gaveteiros em MDF ou metal	2
Pia com torneira elétrica ou de pedal	1
Piso do consultório deve ser de material lavável	1
Cadeira odontológica com dois mochos	1
Mesa de escritório para negociação com cadeiras para o profissional, pacientes e acompanhante	1
Computador para negociação	1
TV de LED *Smart* para demonstração de casos clínicos e entretenimento durante os procedimentos	1

Sala de recepção

Balcão para recepção	1
Computador para gerenciamento	1

Cadeiras ou sofás para pacientes aguardarem o atendimento	3
Bebedor de água	1
Suporte de copo descartável e lixeira	1
Suporte de revistas	1
TV de LED *Smart* para entretenimento dos pacientes	1
Central de PABX para comunicação dentro dos consultórios	1
Espaço para café e lanches a serem servidos aos pacientes durante a espera	1

CAPÍTULO 6
EM QUAIS ÓRGÃOS DEVO REGISTRAR A MINHA CLÍNICA OU CONSULTÓRIO?

No capítulo 2, orientei como realizar o registro individual de pessoa física após a conclusão do curso de Odontologia. Expliquei também a importância do registro como profissional da área, para que não tenha nenhum problema com a fiscalização quando estiver em exercício da sua profissão. Neste capítulo, tenho como proposta discorrer sobre o processo de registro de seu consultório ou da sua clínica. Apesar de se relacionar ao registro, os processos são diferentes um do outro.

Antes de construir ou reformar seu espaço odontológico, o primeiro passo a realizar é procurar a prefeitura da sua cidade e o órgão da Vigilância Sanitária para obter informações sobre o processo de abertura de seu consultório ou da sua clínica. A política de registro do órgão da Vigilância Sanitária é regional e cada município tem um regulamento diferente. Por mais que sigam normativas nacionais, possuem condutas personalizadas. Em algumas cidades, os fiscais da Vigilância Sanitária apenas pedem a documentação para o registro; em cidades maiores, como São Paulo, Belo Horizonte, Curitiba, Porto Alegre, Belém e Maceió, os fiscais avaliam primeiro a planta estrutural para liberar o registro para a abertura do espaço. Outro ponto que destaco como relevante é que contrate um contador para que oriente todo o processo de registro com a prefeitura local e evite transtornos. O contador conhece todos os trâmites do processo e a melhor indicação quanto à abertura de conta de pessoa física para o seu negócio.

Consultório

Se a sua pretensão é abrir um consultório particular e não pretende trabalhar com plano de saúde ou qualquer tipo de parceria com pessoa jurídica/empresas, recomendo que faça apenas o registro de pessoa física do seu espaço (CRO), o registro para que seu consultório possa atuar necessita de regulamentação junto à Vigilância Sanitária de sua cidade. No esquema de consultório particular, você não precisa de uma marca. O seu espaço pode ter o seu nome, por exemplo: Dr. (seu nome). Nesse modelo, você atende somente pacientes que pagam pelo serviço, a propaganda é boca a boca e a fidelização é sua com seus clientes.

Caso tenha a pretensão de trabalhar com planos de saúde em seu consultório ou ser representante de uma franquia, necessita do registro de pessoa jurídica para obter o CNPJ e ter condições de emitir notas fiscais. Nesse caso, como explicado, o contador poderá orientar todo o processo e promover os registros que você precisa para atender às exigências que pretende como empreendedor do seu negócio.

Clínica

A clínica é considerada uma empresa e, como tal, precisa de registro de pessoa jurídica e seguir todas as exigências legais para que possa funcionar sem transtorno. Se quer construir uma clínica com dez consultórios e pretende ser o único dono, o primeiro registro será abrir uma empresa CNPJ, registrar no CRO o profissional responsável técnico; em seguida, deve procurar a prefeitura de sua cidade e o órgão de Vigilância Sanitária para verificar todos os procedimentos para a abertura da clínica. Outro encaminhamento importante é procurar um escritório de contabilidade para orientar a abertura da clínica como empresa e a documentação para pessoa jurídica.

Os passos para abrir uma clínica são:

- Procurar um imóvel para abertura (alugar ou comprar);
- Definir o nome (razão social e nome fantasia) para abrir a empresa;
- Adequar a planta arquitetônica às normas de Vigilância Sanitária e Corpo de Bombeiros, se houver;
- Reformar ou construir o imóvel;
- Registrar no CRO/CFO após concluído.

Existem várias modalidades de registro como empresa, tudo depende do seu faturamento anual. O que você tem que ter em mente é pagar imposto com alíquota menor na emissão de notas fiscais. Nesse sentido, o profissional mais adequado para orientá-lo é o contador, já que ele conseguirá verificar a melhor modalidade de registro para sua clínica.

O registro como empresa possibilita que a sua clínica trabalhe com planos de saúde ou como consultora de uma determinada empresa ou produto. Com o CNPJ da sua empresa e com sua conta de pessoa jurídica, você deve registrar sua clínica no CFO antes de começar a atuar, pagar a taxa anual e obter uma conta jurídica e número de sua empresa. Para realizar esse registro, você precisa de um responsável técnico, um profissional odontológico que tenha mais de um ano de registro, o qual se responsabilizará pela clínica. Com esse processo, a prefeitura liberará um alvará de licença de localização para exercer a sua atividade odontológica. Todo o registro demora de 20 dias a 1 mês e você pode fazer o processo ao mesmo tempo. Caso não realize o registro, poderá receber multa ou até sofrer um processo administrativo, que acarretará o fechamento da clínica.

Modalidades de registro

Para formalizar um negócio sem sócios ou com apenas um sócio, existem os formatos jurídicos Empresário Individual e LTDA. O Empresário Individual é formado por apenas um empreendedor. Já a Sociedade Limitada pode ter um ou mais sócios na empresa. O nome das empresas desse formato é acompanhado da sigla LTDA, que significa "limitada". Esse modelo permite que a empresa tenha um administrador que não pertence ao quadro de sócios, desde que tenha o acordo dos demais. As sociedades limitadas podem receber investimentos iguais de seus sócios ou investimentos correspondentes à porcentagem que cada um possui da empresa. A finalidade é proteger o patrimônio de cada um em caso de falência, afastamento ou rompimento da parceria da empresa.

Na Empresa Individual de Responsabilidade Limitada, a empresa é aberta com único dono, sem necessidade de ter um sócio. Para abrir a empresa, é necessário elaborar um documento de constituição a ser encaminhado para a Junta Comercial de seu Estado ou ao cartório da comarca da cidade na qual será implantado o negócio. Depois disso, é necessário fazer o devido cadastro como pessoa jurídica, conhecido como CNPJ (Cadastro Nacional de Pessoas Jurídicas). O tempo de abertura de uma empresa costuma variar de acordo com o Estado da Federação. Em média, fica em torno de 15 a 20 dias úteis.

A seguir, o passo a passo para abrir a sua empresa:

- Contratação de um contador ou escritório de contabilidade;
- Elaboração do contrato social;
- Registro na Junta Comercial / CNPJ / Inscrição Estadual;
- Inscrição municipal;
- Alvará de localização e funcionamento;
- Licença e inscrição nos órgãos de regulação estaduais e municipais;
- Órgão de classe (dependendo da atividade);
- Certificado digital.

CAPÍTULO 7
COMO REGISTRAR A MARCA DA CLÍNICA E DIFUNDI-LA PARA OS CLIENTES?

A ssim como o planejamento da construção ou da reforma do seu consultório ou da sua clínica e os registros junto aos órgãos de classe, é importante também pensar na marca e no logotipo do seu negócio. Afinal, a identidade visual do seu consultório e da sua clínica está no material que você entrega ao cliente. É por meio da marca que o cliente reconhece sua empresa de onde ele estiver, seja em uma propaganda ou até mesmo no ponto de um transporte coletivo. Por esse motivo, ao registrar sua marca, ela deve estar impressa no cartão de visita, nas fichas clínicas, nos blocos de receita, nos panfletos, na placa de entrada da clínica, na agenda, nos diversos tipos de *marketing* digital, nas redes sociais, até no papel de parede da tela inicial do seu computador. Ao personalizar o material do seu consultório ou clínica, você estará dando visibilidade e vida à sua marca.

Como criar a marca?

A criação da marca do seu negócio precisa refletir muito da sua personalidade. O tipo de letra, as cores escuras ou claras e o desenho (se houver) necessitam refletir o perfil da sua clínica e do seu consultório. Não é ideal fazer um logotipo e depois de três anos, por exemplo, alterar. A marca diz muito sobre você e seu negócio, portanto a fidelização da clientela também começa por ela. Você mesmo pode pensar a marca e criar o logotipo, contudo considero interessante que contrate uma agência publicitária especializada em *marketing* e propaganda para que realize a criação. O investimento vale a pena, porque são profissionais da área que sabem analisar vários fatores, inclusive da sua personalidade, na elaboração de uma ideia. Algumas agências entregam todo o material do seu espaço com o logotipo impresso. E isso facilita muito o trabalho. Trabalho há 15 anos com a www.expanweb.com, empresa que me surpreende a cada dia com seus *insights* criativos, uma agência que faz mais de A a Z para seu negócio odontológico decolar no mundo físico e digital, tudo dentro de seus prazos.

Lembre-se, independentemente de contratar uma empresa de *marketing*, nenhuma faz milagres em 24 horas, dê tempo ao tempo para a evolução de seu negócio, acredite no seu empreendimento e invista nele como em uma aplicação financeira (pouco a pouco e espere um rendimento satisfatório; você o terá, tenha certeza).

A seguir, os itens a serem produzidos pela identidade visual:

- Logomarca;
- Cartão de visita;
- Bloco de receita e atestado;
- Pasta canguru;
- Sacola caracterizada para entrega de documentação e brindes;
- Envelope ofício;

- Envelope de saco pequeno para radiografia e impressos menores;
- Envelope de saco grande ofício;
- Panfleto impresso *flyer* (frente e verso);
- *Folder* com duas dobras contendo toda a informação dos serviços da radiologia - tamanho grande A4;
- Website;
- Instagram e sua alimentação humanizada e automatizada pela agência;
- Facebook e outras redes sociais que necessitar;
- Personalização do WhatsApp Business.

Como registrar a marca da minha clínica?

Assim que criar a marca, você precisará realizar uma verificação prévia no sistema de busca de marcas do INPI (Instituto Nacional de Propriedade Industrial), para verificar se alguém já pediu o registro da mesma classe de produto ou serviço em que atua, incluindo o desenho. Segundo o órgão, a prioridade é sempre de quem pediu primeiro o registro, mesmo que ainda não esteja concluído o processo. É importante também ter conhecimento que uma mesma marca pode ser registrada para diferentes setores de atividade. Portanto, quanto mais original for a sua marca, menor a probabilidade de ser utilizada por outro setor comercial, que não o odontológico.

É importante destacar que, ao pensar na sua marca ou logotipo, precisa ter em mente quais os tipos de marca e em qual a sua se encaixa. Se será apenas nominal, por exemplo. A forma de apresentação deve ser pensada antecipadamente. Quanto à apresentação, a marca pode ter quatro classificações:

Nominativa	É constituída por uma ou mais palavras, no sentido amplo do alfabeto romano, compreendendo também os neologismos e as combinações de letras ou algarismos romanos e/ou arábicos.
Figurativa	É constituída por desenho, imagem, figura ou qualquer forma estilizada de letra e de número, isoladamente, bem como por ideogramas de línguas, tais como japonês, chinês e hebraico. Nessa última hipótese, a proteção legal recai sobre o ideograma em si, e não sobre a palavra ou o termo que ele representa, salvo se for uma marca de apresentação mista.
Mista	É constituída pela combinação de elementos nominativos e de elementos figurativos, ou de elementos nominativos cuja grafia apresente-se de forma estilizada.
Tridimensional	É constituída pela forma plástica (entende-se por forma plástica a configuração ou a conformação física) de produto ou de embalagem. Essa forma deve ter capacidade distintiva em si mesma e estar dissociada de qualquer efeito técnico.

Tipos de marcas*

Verificada a originalidade da marca, você deve se cadastrar no portal do INPI, pelo sistema e-Marcas, criando *login* e senha, para conseguir gerar uma Guia de Recolhimento da União (GRU) com o valor correspondente ao serviço. Assim que pagar a guia e fazer *login* no sistema e-Marcas, deve preencher o formulário com os dados necessários e enviá-lo. Depois disso, é só acompanhar a publicação do seu pedido e demais andamentos

---

* Como registrar a marca. Disponível em: <https://www.sebrae.com.br>. Acesso em: 4 de abr. de 2021.

pela Revista da Propriedade Industrial (RPI), que é atualizada sempre às terças-feiras*.

Importância do registro da marca

O registro da marca é a única forma de protegê-la legalmente de possíveis copiadores e da concorrência, além de ganhar espaço no mercado. Por isso, a importância de procurar o INPI e fazer o pedido do registro de acordo com a Lei de Propriedade Industrial e demais resoluções administrativas do órgão.

A marca registrada garante ao usuário o direito de uso exclusivo em todo o território nacional, e até em outros países. Isso porque o Brasil é membro da Convenção da União de Paris de 1883 (CUP) em seu ramo de atividade econômica. Então, caso o produto ou o serviço inovador seja um sucesso, ao proteger a marca, o empreendedor terá assegurado legalmente o direito de explorar e usufruir os benefícios gerados por sua invenção.

Apesar dos custos envolvidos, o registro de marca é um investimento, e não uma despesa, pois essa ação refletirá no futuro fluxo de caixa da empresa. Qualquer pessoa física ou jurídica que esteja exercendo atividade legalizada e efetiva pode requerer o registro de uma marca. Ele é concedido pelo INPI e tem a duração inicial de dez anos, prorrogáveis.

Para fazer o registro de uma marca, é necessário pagar pelo menos duas taxas. Uma no momento da entrada do pedido e outra quando receber o registro. Se durante o processo for solicitada outra ação, como a apresentação de documentos complementares, outras taxas podem ser solicitadas. O processo de registro da marca é composto por várias etapas e dura em média

---

* Informações da Revista PEGN. Disponível em: <revistapegn.globo.com>. Acesso em: 4 de abr. de 2021.

dois anos. Nesse tempo, o INPI pode solicitar mais informações ou documentos para que os técnicos possam analisar e chegar a uma conclusão: deferimento ou indeferimento. Portanto você deve sempre acompanhá-lo, fazendo uma busca pelo número do seu pedido na Revista de Propriedade Industrial (RPI), publicada semanalmente pelo INPI.

Sou obrigado a registrar minha marca no INPI (Instituto Nacional de Propriedade Industrial)?

O registro da marca, como já mencionamos, serve para que outra empresa não se aproprie da sua identidade/marca; caso sua intenção seja um consultório odontológico simples, seu nome será sua marca, uma assinatura poderá ser sua marca, suas iniciais com letras bordadas e contornadas poderão ser sua marca. Mas se sua intenção é montar uma clínica maior, e no futuro apoiar com mais unidades e até mesmo transformá-la em uma rede de franquias, você deverá registrar sua marca, pois ela será o pilar de todo o seu negócio. É por meio da sua logomarca/marca que as pessoas o referenciarão no mundo e onde estiver.

Pense com carinho, pois a partir do momento que você possui uma marca, mas não a registrou, se alguém registrar, essa pessoa será a detentora do registro e terá o direito de a usar.

CAPÍTULO 8

ONDE COMPRAR OS MATERIAIS DE CONSUMO/INSUMOS, INSTRUMENTAIS E EQUIPAMENTOS?

A o montar um consultório ou uma clínica, a lista de equipamentos e instrumentais a serem adquiridos é longa e envolve uma quantia razoável de investimento financeiro. Por isso, há a necessidade de um bom planejamento e, principalmente, de pesquisa de preço. Muitos profissionais recém-formados, pela inexperiência ou mesmo pela ansiedade de ver seu consultório montado, acabam gastando demais em itens essenciais e demoram muito para ter o retorno do que investiram. Aconselho, como profissional da área e com experiência de mais de 20 anos no mercado, prudência e, acima de tudo, paciência para pesquisar entre os fornecedores ou empresas fabricantes e ter bons argumentos de negociação para conseguir o melhor preço no que vai comprar. Quanto mais conseguir economizar na compra de equipamentos e instrumentais, maior será o orçamento para investir nos materiais de consumo.

Equipamentos odontológicos

Um profissional que está montando seu primeiro espaço odontológico, seja um consultório ou clínica com mais áreas de atendimento, acaba procurando um equipamento pela marca, já que as grandes empresas do setor investem pesado em propaganda para vender seu produto e torná-lo conhecido no mercado. Porém nem sempre o equipamento mais conhecido é o mais eficiente pelo valor investido. Ao adquirir um equipamento, você precisa ter como informação da empresa o tempo de garantia. Quanto maior a garantia do produto, mais vantagem terá.

Existem várias empresas que fabricam equipamentos odontológicos das marcas mais conhecidas às intermediárias, o investimento depende muito da situação financeira do profissional. O mais importante é adquirir um produto de qualidade; nem sempre o mais sofisticado é o melhor, às vezes ele tem muitos recursos, mas a funcionalidade é a mesma e muitos recursos não são utilizados no dia a dia. Eu tenho na minha clínica cadeiras odontológicas com mais de 15 anos que ainda são utilizadas e estão em ótimo estado. Também possuo cadeiras odontológicas adquiridas recentemente que fazem as principais funções, subir e descer o assento, subir e descer o encosto, o restante são configurações *upgrades* para melhorar a funcionalidade e o conforto para o profissional.

O que eu gostaria de deixar claro é que muitas delas apresentam funções simples, mas são muito eficientes. O que importa é o zelo do profissional. Uma reforma no estofamento e manutenção nas partes de movimento da cadeira de tempos em tempos são essenciais para a conservação. Como mencionado, com o tempo e o retorno financeiro do seu espaço, você pode investir em equipamentos mais sofisticados. Realizando um bom planejamento, não se perderá no seu orçamento financeiro.

Como escolher a cadeira odontológica?

A cadeira odontológica é o item mais importante para o consultório de um dentista. Portanto escolher o melhor modelo é essencial. Ela precisa ser ergonômica e funcional, para acomodar o paciente durante o tratamento odontológico e facilitar a vida do dentista durante o procedimento clínico. A cadeira pode ser acionada por um pedal ou um painel de controle, de onde são enviados comandos da placa eletrônica para dois motores responsáveis pela movimentação do mecanismo do assento e encosto da cadeira.

Você pode escolher um modelo de cadeira com a função de higiene automática, com nível de precisão, e com um monitor acoplado que organiza, salva e acessa dados de exames, sem que o profissional tenha de sair do lado do paciente ou um modelo mais simples, com ajustes manuais. O ideal é que tenha um estofamento sem costuras para facilitar a limpeza. Outro ponto importante a observar é a facilidade para reposição de peças e se há assistência técnica na região em que possui seu consultório ou clínica.

Além disso, ao adquirir uma cadeira odontológica, observe se:

- O paciente consegue deitar confortavelmente;

- O profissional acessa facilmente o paciente para realizar os procedimentos;

- O apoio de cabeça é ajustável e se propicia visão direta a todas as zonas da cavidade oral, na mandíbula ou na área maxilar;

- O comando, para elevação ou descenso, e os ajustes horizontais são elétricos e com um dispositivo de segurança antiesmagamento dos membros inferiores;

- O acionamento do refletor é realizado por um sensor de aproximação, dispensando o toque nos botões da peça, reduzindo a possibilidade de contaminação cruzada.

O mercado odontológico apresenta três tipos de cadeiras:

1. **Semiautomáticas:** o controle de subida e descida é automático;

2. Totalmente automática: o controle de subida e descida é automático, bem como o de regulagem de encosto;

3. Totalmente automática com volta a zero: o controle de subida, descida e de regulagem de encosto é automático. Ela ainda possui um botão de posição supina e volta a zero com um único toque.

Na minha opinião, optaria pelo modelo 2 ou 3.

Quais são as melhores marcas de cadeira odontológica no mercado brasileiro e similares a outras marcas mundiais?

I. Cadeira odontológica Olsen

A cadeira odontológica da Olsen apresenta bom custo-benefício e boa qualidade, já que é tecnológica, ergonômica e tem conceitos de biossegurança modernos, proporcionando conforto e bem-estar ao dentista e ao paciente. O modelo Infinity Premium Pro é o mais completo, por possuir entre as funções básicas: três posições de trabalho programáveis, volta a zero automático, botão *stop* de emergência, posição de emergência (encosto), massageador (assento/encosto) e dois motores Bosch, isentos de óleo.

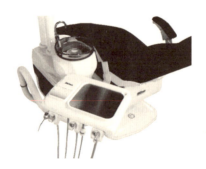

II. Cadeira odontológica KaVo

A cadeira odontológica AQIA da KaVo possui *design* ergonômico, proporcionando conforto ao paciente e ao dentista. O seu formato da base (mais curta e larga ao centro) oferece maior estabilidade, dispensando furação do piso. As vantagens desse equipamento são: sistema antiesmagamento que evita acidentes, pedal fácil e intuitivo, três opções de mesa (T, S ou Cart), teclado *touch* e refletores KaVo com tecnologia LED +, que oferece conforto e economia, além da agilidade na troca da intensidade da iluminação.

III. Cadeira odontológica Dabi

A cadeira odontológica Prestige Hasteflex da Dabi é tecnológica, possui um *design* arrojado e é muito confortável, com estofamento disponível em PVC, viscoelástico e couro. Os seus movimentos de inclinação e elevação são sincronizados e silenciosos. Além disso, ela possui um sistema de iluminação intensa com o refletor, que permite a utilização de lâmpadas halógenas ou LED. As vantagens do produto são: quatro posições de trabalho, duplo sistema antiesmagamento, encosto de cabeça anatômico, removível, biarticulável e com regulagem de altura, comando PAD (painel de comandos PAD com acionamento das funções cadeira) e negatoscópio LED acoplado ao kit PAD para a fácil visualização de exames radiográficos.

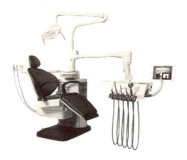

IV. Cadeira odontológica Gnatus

A cadeira odontológica G3 H da Gnatus apresenta pedal de comandos prático e fácil de usar, com diversas programações. Além disso, possui comandos PAD para acionar as funções da cadeira e opções com hastes convencionais ou retráteis. A unidade de água possui sensor de proximidade e o refletor com iluminação intensa da lâmpada de LED. As vantagens do produto são: pedal de comandos integrado com as funções, quatro posições de trabalho com memorização do status do refletor, posição cuspir e retorno à última posição, acionamento e ajuste da intensidade da luz do refletor, volta a zero automático e bloqueio dos movimentos da cadeira com alerta de luz de emergência.

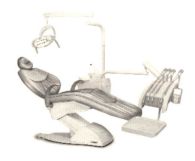

V. Cadeira odontológica Saevo

A cadeira odontológica S 500 H da Saevo possui um pedal de comandos *joystick* com todas as funções integradas e estofamento mais confortável, além de contar com a posição de Trendelemburg e braço pneumático rebatível. O equipamento permite a inclusão de até cinco terminais e vem com negatoscópio LED, painel de comandos PAD e manômetro. A unidade de água possui sensor de proximidade, porta-copos e braço alcance para inclusão de até três terminais e seu refletor. Ela ainda possui um sistema de iluminação com três LEDs e sensor para acionamento e ajuste da intensidade de luz sem contato das mãos. As vantagens do produto são: construção em aço maciço, com tratamento anticorrosivo e revestida em poliestireno alto impacto, que proporciona maior segurança, resistência e durabilidade ao conjunto. Ela dispensa fixação no piso, possui encosto curvo envolvente (permite maior aproximação ao campo operatório), pedal integrado, estofamento amplo e com apoio lombar, braço de apoio pneumático e duplo sistema de proteção antiesmagamento.

Quanto custa uma cadeira odontológica?

O mercado odontológico apresenta uma variedade de cadeiras, com preços diferenciados. Como mencionei em capítulos anteriores, o ideal é sempre pesquisar antes de comprar o produto. De modo geral, uma cadeira simples, sem tanta tecnologia, pode ser encontrada a partir de U$ 1.500,00, cerca de R$ 9.000,00; as cadeiras mais modernas e com múltiplos acessórios podem chegar a U$ 20.000,00, cerca de R$ 100.000,00. Esses valores também dependem do fabricante, do nível de conforto e da qualidade. O importante é saber que de nada adianta comprar uma cadeira odontológica barata, com pouca durabilidade. Às vezes é melhor investir um pouco mais para garantir um produto durável, com assistência facilitada e com recursos básicos.

Instrumentais odontológicos

A compra de instrumentais odontológicos pode ser feita diretamente nos fornecedores dentais ou com o fabricante. Principalmente neste caso, a pesquisa de preços é muito interessante. Muitas vezes, o fornecedor tem o produto com valor menor; em outras, é aconselhável comprar diretamente do fabricante, que apresenta melhor oferta. Um investimento inicial no caso de instrumentais é de aproximadamente U$ 2.500,00, cerca de R$ 15.000,00. É claro que depende da qualidade da marca: menos, mais ou ultrassofisticada.

Materiais de insumo/consumo

Os materiais de insumo são adquiridos em distribuidoras chamadas dentais, que estão espalhadas por todo o Brasil e atendem pelo sistema de loja física e *on-line*, pela plataforma digital, que facilita a pesquisa de preço, a avaliação dos clientes e o prazo de entrega dos produtos. Os produtos também podem ser comprados pelas lojas físicas que, para fidelizar o cliente, oferecem algumas vantagens, como entrega no mesmo dia, e até cobrem orçamentos, inclusive de lojas nacionais *on-line*.

Sugiro sempre fazer uma cotação na dental física de sua cidade, você se surpreenderá com os valores, condições de pagamento e descontos.

O ideal é que você tenha em seu consultório um estoque dos materiais para evitar transtornos durante os atendimentos, ou em atendimento de urgência, por exemplo. Você pode optar por compras semanais ou mensais.

Sempre leve em consideração: se você comprar somente um item de consumo, pagará valor cheio, o maior valor; caso compre maior quantidade do mesmo item e de outros itens, terá um bom desconto e melhores condições de pagamento.

Nunca deixe seu estoque acabar, adquira novos produtos.

CAPÍTULO 9
COMO CONTRATAR UM COLABORADOR, TREINAR E MOTIVAR A EQUIPE?

Contratar um colaborador não é um processo simples. Normalmente, os cursos universitários de Odontologia não possuem um conteúdo específico para trabalhar essas noções, por isso resolvi discorrer sobre este conteúdo. Como já mencionei em outros capítulos, o planejamento é etapa essencial em todos os quesitos da montagem do consultório ou da clínica, bem como para contratar os seus colaboradores. Você precisa traçar o perfil da pessoa que quer contratar, definir as responsabilidades que ela terá no seu espaço, principalmente se for um consultório e se a pessoa for a única contratada, e quanto pretende pagar de salário.

Assim como as pequenas e médias empresas, o consultório e a clínica não contam com uma estrutura de Recursos Humanos, por isso, na hora de contratar um colaborador, uma série de dúvidas surgem e o profissional não sabe por onde começar. A legislação trabalhista possui algumas regras para contratar e registrar um colaborador. Por esse motivo, quero orientá-lo quanto a esse processo para que possa se sentir mais seguro.

Lembre-se, ao contratar um funcionário, em uma clínica ou consultório, ele venderá serviços para seus pacientes, não produtos.

Divulgação da vaga e entrevista

O primeiro passo é anunciar que está contratando um colaborador para o seu espaço. Para isso, pode usar as mídias sociais, os contatos pessoais ou procurar uma agência que apresente esse perfil. O segundo passo é a entrevista com os candidatos. Nesse momento, você precisa se preparar com um planejamento contendo o escopo que o futuro profissional terá como meta a cumprir, o valor de salário e outros tópicos que julgar importantes. Faça perguntas objetivas, mantendo clareza na sua fala para não gerar dupla interpretação. Observe como o candidato fala, se posiciona. Fique atento a atitudes discriminatórias ou qualquer situação que possa causar constrangimento. Estabeleça regras claras, informando sobre cada uma das etapas do processo e quais serão as condições para registrar o colaborador. Foque no desempenho das funções necessárias para a vaga, e não apenas nas características do candidato.

Um bom colaborador é o que gosta de trabalhar; um ótimo colaborador é o que gosta e precisa trabalhar.

Etapas do registro do colaborador

Após a escolha do candidato que assumirá o cargo, é necessário solicitar a documentação para registro. O primeiro documento a ser solicitado é a Carteira de Trabalho e Previdência Social (CTPS), a qual deve ser devolvida para o colaborador em até 48 horas, com todas as anotações relativas à contratação. É importante destacar que, caso o documento não seja devolvido nesse prazo, a empresa pode ser multada. Além da carteira de trabalho, o novo colaborador deve apresentar também os seguintes documentos:

- Comprovante de residência;

- RG e CPF;

- Título de eleitor;

- Certificado de reservista ou prova de alistamento militar (no caso de homens).

Dependendo da função que será exercida pelo colaborador, também serão exigidos:

- Carteira de habilitação;

- Documentos emitidos por entidades de classe (OAB, CREA, CRA etc.);

- Certidão de casamento e nascimento dos filhos menores de 14 anos (salário-família);

- Comprovante de cadastro no PIS.

Os documentos mencionados podem ficar com o empregador até cinco dias úteis. Portanto recomendo que, ao dar a notícia da contratação do colaborador, peça que providencie os documentos e se organize para os prazos de anotações na carteira de trabalho. Assim evitará problemas com os órgãos responsáveis.

Realizada a documentação legal do colaborador, o próximo passo é o Exame Médico Admissional. Pelo regime da CLT, todo novo contratado tem direito ao exame médico e cabe ao empregador indicar o local em que deverá realizar o exame. O Exame Médico Admissional serve para comprovar o bom estado físico e mental do colaborador, atestando que tem boa saúde para desempenhar as atividades propostas pela sua empresa (consultório ou clínica). O Exame Médico Admissional é uma garantia para evitar indenizações, caso o colaborador apresente alguma doença do trabalho anterior à contratação. Se for constatada inaptidão no Exame Admissional, a contratação do colaborador é cancelada.

Além dos registros, o novo colaborador deve assinar o contrato de trabalho que será preparado pela sua empresa (consultório ou clínica). Em regra, o período de experiência é válido por 90 dias, conforme prevê a legislação. No entanto o empregador poderá firmar um contrato por prazo menor e prorrogável, desde que seja respeitado o limite de 90 dias. Tanto o contrato de experiência quanto os demais acordos firmados com o colaborador devem ser anotados na CTPS, incluindo a prorrogação, se houver. Considero importantes essas observações, mesmo que tenha o acompanhamento de um escritório de contabilidade. Sempre é bom acompanhar todo o processo de contratação de um colaborador para evitar problemas futuros com a legislação.

A importância de manter um colaborador motivado

Alguns empregadores consideram que o valor do salário pago para o colaborador já é suficiente para mantê-lo motivado. É claro que um bom salário é motivador, e muito, porém só isso não é suficiente com o passar do tempo de trabalho. São várias as intercorrências na vida pessoal e profissional de um colaborador e a rotina causa estresse e ansiedade. Muitas vezes, a motivação de um colaborador vai além da questão financeira. E, no caso de consultório ou clínica, a fidelização de um colaborador é importante para manter a clientela.

Para que seu colaborador se mantenha motivado, deixarei algumas sugestões para que possa orientá-lo:

- **Flexibilize o horário de trabalho** – abrir espaço para a negociação de horário dentro das possibilidades de atendimento do consultório e da clínica é uma forma de aumentar a motivação;

- **Seja líder e dê o exemplo** – evite dar a palavra final, ouça seu colaborador e seja uma liderança que inspire pelo exemplo, mantenha um bom relacionamento com seus associados;

- **Permita que seu colaborador tome decisões** – como gestor do seu negócio, você tem uma visão ampla de questões referentes à empresa, mas os colaboradores, vivenciando o dia a dia do consultório ou da clínica, percebem situações e criam soluções para tornar o atendimento ao cliente mais direto e mais eficaz. Portanto permita que seu colaborador tome algumas decisões e, caso você esteja ausente, seja informado posteriormente. É importante trabalhar a autonomia do colaborador. Isso aumenta a autoestima e a segurança e favorece que se sinta reconhecido e parte do crescimento do espaço em que trabalha;

- **Invista em conhecimento** – pagar um curso externo para um colaborador pode melhorar o atendimento e a dinâmica de trabalho;

- **Elogie e reconheça** – dar *feedbacks* é importante para o colaborador. Os retornos negativos ensinam algo valioso; o elogio e o reconhecimento promovem a percepção de como o colaborador é peça importante no espaço. Saiba reconhecer os talentos e valorizá-los;

- **Crie um ambiente saudável de trabalho** – estimular um ambiente saudável de trabalho prioriza a comunicação e a observação de dificuldades e possíveis melhorias na rotina profissional, o uso de ferramentas e tecnologias para diminuir trabalhos operacionais e a garantia de uma estrutura de qualidade para realizar o trabalho com tranquilidade.

A importância do *feedback* ao colaborador

É fundamental que você faça reuniões com seu colaborador para dar uma devolutiva do trabalho que realiza e para a retomada de metas e objetivos. Elogiar o trabalho é a parte mais fácil do processo, o mais difícil é dar devolutivas negativas. Para ajudá-lo nesse processo, encaminharei algumas dicas:

- **Seja o mais claro possível** – destaque os pontos positivos observados no colaborador, as maiores habilidades e mostre como pode melhorar o trabalho para ser mais efetivo;

- **Dê o *feedback* de forma objetiva** – não use termos complexos, fale de forma direta, clara e objetiva;

- **Evite demorar na devolutiva** – caso tenha percebido alguma situação que necessite de intervenção, chame o colaborador e oriente-o, para não cair no esquecimento ou para que a situação não se repita;

- **Coloque-se no lugar do colaborador antes de dar o *feedback*** – é importante entender o que o outro sente e ser ponderado nas palavras;

- **Mostre que reconhece o esforço do colaborador.**

CAPÍTULO 10
O QUE É CHECKLIST DE TAREFAS E ROTINAS?

Gerir um consultório ou uma clínica é vivenciar situações rotineiras que necessitam de sua intervenção constante. Como gestor e profissional que atende, muitas vezes não é possível acompanhar todo o andamento do processo. Por esse motivo, você precisa ter um colaborador preparado para ajudá-lo. Nesse sentido, é importante que seu colaborador tenha em mãos uma lista de rotinas e tarefas a serem cumpridas, de forma objetiva, o *checklist*. E isso deve ser determinado no momento da contratação do colaborador e cobrado diariamente. Não adianta você passar a lista e não retomar a rotina estabelecida do trabalho. Isso não é efetivo, nem para o colaborador nem para o seu espaço.

Cases de consultório

Você contratou uma recepcionista e combinou com ela as tarefas diárias. Essa colaboradora é sempre a primeira a chegar ao consultório, portanto deve prepará-lo para receber o cliente e o ambiente para que a sua chegada não atrase a sequência de atendimentos. O que você deve verificar assim que chegar ao consultório?

- Se o espaço da recepção está limpo e a mesa organizada;

- Se a ficha clínica do paciente já está preenchida e sobre sua mesa para atendimento;

- Se a sala de atendimento está higienizada e todos os instrumentais e materiais de insumo estão preparados para o atendimento;

- Se o cliente foi orientado ao chegar e preparado para o atendimento.

Cases de clínica

Você tem uma equipe com várias recepcionistas, dentistas variados e auxiliares dos cirurgiões-dentistas. Ao iniciar o dia, a rotina de uma clínica depende do número de dentistas em atendimento. No caso de sua clínica ter três dentistas atendendo no dia com as agendas completas, ao final do expediente, a equipe deverá seguir a seguinte rotina.

Rotina	Número de colaboradores e situação
Elencar as fichas de atendimento diário de cada profissional separadamente.	Um(uma) secretário(a) específico(a) ou mais de um(uma) quando se possui muitos profissionais, sendo um(a) colaborador(a) responsável por um profissional ou determinado grupo de profissionais.
Conferir a parte financeira dos pacientes que cada profissional atenderá no dia. Verificar se está tudo pago ou se terá que fazer alguma cobrança ou algum recebimento de procedimentos de paciente.	Colaborador(a) responsável por separar as fichas de atendimento do dia.
Verificar a limpeza e higienização da clínica e dos consultórios odontológicos.	Uma pessoa específica para fazer esse controle na clínica.

Manter a mesa clínica do dentista montada com instrumentais e materiais para o atendimento.	Atendente responsável pelo consultório ou dentista.
Entregar ao dentista a relação de atendimento do dia e colocar os procedimentos que serão realizados por paciente.	Um(uma) colaborador(a).
Atualizar, durante o dia, a lista de atendimento com possíveis remarcações e encaixes de novos pacientes.	Colaborador(a) responsável pelo consultório ou dentista.
Comunicar ao dentista, de forma clara e eficiente, situações que ocorreram na recepção geradas por questionamento de pacientes.	Qualquer um(uma) atendente deve relatar para o profissional tudo que ocorre na recepção.
Desenvolver campanhas de visibilidade pelas redes sociais: Facebook, Instagram, página de internet etc.	Colaborador(a) específico(a) ou terceirizado(a) de uma agência.
Checar o material de consumo e os insumos dos dentistas; caso esteja acabando, solicitar ao fornecedor.	Colaborador(a) específico(a).
Alimentar sistema de computador (*software* de gerenciamento) com informações preenchidas nas fichas e sempre mantê-las atualizadas para futuras consultas, relatórios e ações de *marketing*.	Colaborador(a) da recepção.
Averiguar a organização de fichas clínicas que devem ser arquivadas por números sequenciais no fichário. Mesmo número gerado pelo sistema de computador ao cadastrar.	Colaborador(a) da recepção que fez o cadastro.
Supervisionar a higiene dos banheiros dos pacientes e da recepção pelo menos três vezes ao dia.	Colaborador(a) da limpeza.

Conferir se os materiais enviados ao laboratório de prótese já foram entregues em tempo hábil para que o paciente seja agendado e não tenha o desconforto de chegar à clínica e seu material não esteja disponível. Em minha clínica, só agendamos pacientes para a continuidade do trabalho quando o material do laboratório foi entregue à clínica pelo laboratório.	Colaborador(a) designado(a) para dar suporte a um determinado dentista ou grupo de dentista.

CAPÍTULO 11
O QUE É E PARA QUE SERVE
O LIVRO-CAIXA?

Podemos dizer que o livro-caixa é a alma da nossa clínica ou consultório.

O livro-caixa registra a entrada e saída de dinheiro em uma empresa, consultório ou clínica. Por isso, pode-se dizer que é alma da organização, por apresentar de forma detalhada o fluxo financeiro do seu negócio. É um recurso que pode ser usado por empresas de qualquer porte, desde que o registro de todas as entradas e saídas financeiras, recebimentos, pagamentos – incluindo cheques, dinheiro e transferência bancária, contas de água, luz, telefonia – e demais atividades. Os comprovantes devem ser arquivados em um local seguro para facilitar o processo de manutenção do livro de forma correta. Fazer essa escrituração evita problemas contábeis e a falta de controle de pagamentos. Afinal, na hora da demonstração de resultados (DRE) e de um balanço patrimonial do negócio fica mais fácil com um livro-caixa bem estruturado.

O profissional da área odontológica tem muitas despesas com insumos, contas básicas e instrumentais, por isso o livro-caixa é importante para saber se, ao final do mês, obteve lucro ou não no negócio. O interessante é que, apesar de as despesas serem altas, os rendimentos são muito bons e o profissional sai com ganho. No consultório ou na clínica, a responsabilidade de preenchimento do livro-caixa é do(a) colaborador(a) que cuida da recepção, ou do(a) colaborador(a) administrativo(a), pelo fato de ter controle das entradas e saídas financeiras, recebimento de clientes, pagamento de produtos encomendados ou contas básicas, como água e luz. Além disso, o colaborador também controla a renda de outros parceiros profissionais que atendem no mesmo lugar e facilita o acerto de contas no final do dia, semana, quinzena ou mês.

Como escriturar o livro-caixa?

O processo de escrituração e registro de fluxos monetários pode ser dividido em três partes principais com itens estruturais, como:

- **Termo de Abertura** – parte inicial do livro-caixa, que indica a finalidade do documento, o nome da empresa, consultório ou clínica e as suas informações essenciais, como endereço completo, CNPJ / CPF, número de folhas e a data. O documento deve estar assinado;

- **Folhas de Escrituração** – parte em que são inseridos os valores, ou seja, as entradas e saídas de capital, organizadas por data e de forma individual;

- **Termo de Encerramento** – última página do documento, com a assinatura do responsável.

Para escriturar o livro-caixa, você precisa prestar atenção aos itens como data, histórico, entrada, saída e saldo final. Cada página ou conjunto delas, geralmente, cobre um mês, semana ou dia de atividade, e isso depende muito da quantidade de transações processadas pela empresa. Existem variações na estrutura, e esses itens são os principais para que o controle financeiro seja executado de forma eficiente.

- **Data** – com a identificação das datas, é possível organizar os gastos de forma cronológica e deixar o livro-caixa mais organizado. A sugestão é fazer o registro diário. Caso seja necessário, você pode verificar a movimentação pelo dia;

- **Histórico** – com o histórico, você identifica qual é o fim da transação, ou seja, o porquê de ela ter sido realizada;

- **Entradas** – representam os recebimentos que a empresa ou profissional teve no período, em dinheiro ou débito na conta;

- **Saídas** – identificam os valores pagos pela empresa ou profissional em determinado período, dinheiro ou crédito da conta-corrente;

- **Saldo final** – indica a diferença entre as entradas e saídas, quanto a empresa tem em caixa em um período específico.

Para o saldo final, você pode utilizar a seguinte fórmula:

Saldo anterior + Recebidos – Pagamentos = Saldo atual

Por isso, se faz tão necessário o registro de todos os movimentos financeiros que a empresa realizar. Caso não haja esse registro, haverá erros no saldo final.

O livro-caixa deve ser preenchido de forma manual ou pode ser utilizado um software?

Cada gestor pode escolher a melhor forma de fazer o livro-caixa. Alguns preferem fazer de forma manual, como o meu caso, para ter o registro mais preciso das informações, conferindo a assinatura do colaborador que fez as anotações. Outros, com os recursos tecnológicos atuais, preferem fazer o controle com *software* próprio para esse registro, inclusive para encaminhar ao escritório de contabilidade. Os *softwares* são fáceis de usar e podem ser manuseados pelo contador do seu negócio de forma digital, com uma rápida realização de balanços, fazendo a projeção de caixa, dando segurança por meio dos sistemas de criptografia e backups, uso de ferramentas que auxiliam na redução de custos e trazem agilidade nas tarefas.

É permitida a escrituração fiscal do livro-caixa pelo sistema de processamento eletrônico, em formulários contínuos, com suas subdivisões numeradas em ordem sequencial ou tipograficamente. Após o processamento, os impressos devem ser destacados e encadernados em forma de livro, lavrados os termos de abertura e de encerramento em que conste, no termo de abertura, o número de folhas já escrituradas, não contendo intervalo em branco, nem entrelinhas, rasuras ou emendas.

MEU NEGÓCIO:

LIVRO-CAIXA

DATA	DESCRIÇÃO	ENTRADA	SAÍDA
	TOTAL:		

CAPÍTULO 12
COMO CAPTAR CLIENTES E QUAIS FERRAMENTAS USAR PARA CONQUISTÁ-LOS?

E sta é uma dúvida comum entre os profissionais de Odontologia, principalmente ao concluírem o curso universitário. Antes de passar todas as dicas para que consiga realizar a captação de clientes, quero comentar algo que considero importante. Os profissionais da saúde, diferentemente de outros profissionais, não podem realizar ações de marketing (anúncios, propagandas e outros tipos de publicidade vinculando valores, descontos ou aliciando de alguma forma clientes), consulte o capítulo XIV do código de ética da área, que teve a sua última atualização em uma resolução de 2006, pelo Artigo 7º da Lei 5.081/66, que regulamenta o exercício da Odontologia no Brasil.

Segundo o artigo da lei, na comunicação e divulgação, são obrigatórios:

- O nome do profissional e o número de inscrição no CRO da pessoa física ou jurídica, bem como o nome do representante legal ou responsável técnico, caso seja clínica/ pessoa jurídica;

- Áreas de atuação, procedimentos e técnicas de tratamento, desde que precedidos de título da especialidade registrada no Conselho Regional ou qualificação profissional do clínico geral;

- As especialidades nas quais o cirurgião-dentista esteja inscrito no Conselho Regional;

- Os títulos de formação acadêmica relativos à profissão;

- Endereço, telefone, páginas eletrônicas, horário de trabalho, convênios, credenciamentos, tipo de atendimento.

Segundo o código de ética, são consideradas infrações as seguintes situações:

- Anunciar tratamentos e técnicas que ainda não tiveram a sua eficácia comprovada cientificamente;

- Realizar consultas odontológicas e diagnósticos por correspondência, por rádio, televisão e outros meios de comunicação. Apenas é permitida a aparição em eventos e programas nos quais o caráter das informações seja exclusivamente de esclarecimento e educação;

- Anunciar a oferta de serviços gratuitos em consultórios particulares;

- Divulgar valores e modalidades de pagamento de tratamentos e serviços odontológicos;

- Criticar ou expor publicamente de forma inadequada outros profissionais da área;

- Aliciar pacientes, praticando ou permitindo a oferta de serviços por meio de informação ou anúncio falso, irregular, ilícito ou imoral, com o intuito de atrair clientela, ou outros atos que caracterizam concorrência desleal ou aviltamento da profissão, especialmente a utilização da expressão "popular"*;

- Anunciar serviços odontológicos como premiação de qualquer tipo, concurso, competição ou brindes.

Como captar clientes para seu consultório ou clínica?

A forma mais eficiente de captar clientes é por indicação. Se um cliente gostou do atendimento que seu espaço oferece e, principalmente, se recebeu um tratamento adequado e com preço justo, tenha certeza de que ele se fidelizará e ainda trará outros clientes. Captar clientes envolve estrutura, profissionalismo, equipe sintonizada e com suporte para um bom atendimento. Lembre-se de que imagem positiva gera satisfação; satisfação gera cliente fidelizado.

Mas como vou atrair meu primeiro cliente? Uma clínica bem montada, um visual positivo de sua imagem e de seus meios de divulgação, clareza e honestidade nos serviços prestados atrairão a curiosidade de alguns futuros pacientes.

Além da indicação, você pode usar outros recursos, como *flyers*, *folders*, anúncios, redes sociais, desde que respeite o que foi exposto no início do capítulo sobre o código de ética. Um recurso muito utilizado pelas clínicas atualmente é o agendado via WhatsApp. Existem recursos por meio de *softwares* que enviam mensagens aos clientes informando a data de agendamento ou lembrando a data da consulta. O mais interessante é que

---

* Lei Federal 8.078/90 do Código de Defesa do Consumidor - o cirurgião-dentista é um prestador de serviços, por isso qualquer tipo de publicidade veiculada por ele é encarada como uma parte do contrato firmado com o paciente, mesmo que esse acordo não seja escrito, e pode ser passível de processos e medidas disciplinares do Conselho Regional ou Federal.

você pode programar as mensagens e fazer isso de onde estiver. Também pode criar uma conta profissional no *e-mail* e enviar mensagem de agradecimento ao cliente, por exemplo.

Os profissionais que possuem consultórios ou clínicas nas cidades interioranas podem usar como recurso de divulgação as festas das cidades, por meio de material impresso, como *flyer*, *outdoor*, colocar cartazes com as referências da clínica, apoiar eventos vinculados à área da saúde, realizar doações para causas sociais.

Atuando clinicamente há mais de 20 anos, desenvolvi uma sensibilidade para a captação de clientes e percebi que nada mais é que você conseguir identificar a necessidade técnica e emocional de seu cliente e supri-la. Ou seja, deve conseguir identificar a necessidade do seu cliente tecnicamente e executar o procedimento odontológico com excelência, para isso deve estar preparado, científica e tecnicamente, para o que se propôs a fazer. Outro ponto é a necessidade emocional, ou seja, por ser uma profissão de contato próximo do cliente, existe certo receio do profissional e de sua postura como pessoa, por isso precisamos entrar em sintonia com nosso paciente e oferecer o que o ele imaginou como pessoa. Ou seja, temos alguns pilares básicos de comportamento que fidelizarão o cliente: honestidade, comprometimento, transparência, educação e carinho.

Precisamos atender nosso paciente com toda simpatia e educação, sem falsidade, oferecer a ele um trabalho honesto com comprometimento verdadeiro, transparência nos atos e sequência em todo o processo proposto. A grande oferta de profissionais nos força a sermos verdadeiros, honestos, e entregar um serviço com qualidade. Lembre-se de que dez pacientes satisfeitos indicarão mais um ou dois novos pacientes, fazendo a melhor propaganda: boca a boca. Já um paciente insatisfeito sempre falará mal e afastará possíveis futuros pacientes.

CAPÍTULO 13

QUAL A IMPORTÂNCIA DO SOFTWARE PARA CADASTRAR OS CLIENTES NO BANCO DE DADOS E GERENCIAR SEU NEGÓCIO?

Se o livro-caixa é a alma do seu negócio, o banco de dados é o coração dele. Faço essa analogia para mostrar o quanto é importante cadastrar seus clientes, com o intuito de demonstrar a organização da sua estrutura clínica e que consiga realizar, posteriormente, procedimentos de divulgação com a utilização dessas informações.

Em algumas consultorias que realizo em consultórios ou clínicas, é comum observar a dificuldade que alguns espaços apresentam em relação à organização do banco de dados dos clientes. Dependendo da situação, a colaboradora passa horas tentando encontrar uma ficha de cliente e, muitas vezes, não consegue localizar.

A ficha de cadastro dos clientes deve conter todas as informações possíveis, desde nome completo, número de documento, endereço, contatos físicos e eletrônicos, até *hobby* e religião. Talvez, no primeiro momento, isso cause estranheza, mas saiba que é importante conhecer seu cliente em vários aspectos para estreitar laços no relacionamento, respeitar a visão religiosa dele e, em casos de procedimentos cirúrgicos, saber se os dogmas religiosos podem interferir no tratamento.

Para facilitar o cadastro dos meus clientes, elaborei um modelo de ficha com todas as informações que julgo necessárias para conhecer melhor a pessoa que frequenta minha clínica. Ela é montada em formato de envelope, em que se pode arquivar radiografias, contratos e outros documentos importantes vinculados ao paciente. A seguir, compartilharei o modelo para servir como referência para que você monte a sua também.

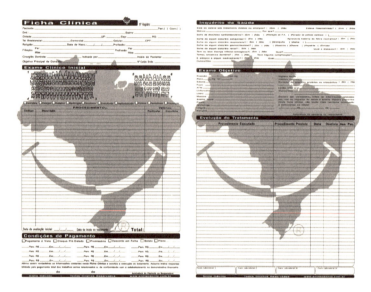

Na minha clínica, para fazer o cadastro dos pacientes, utilizo um *software* que se chama GCO Smile Odonto, *Open-source,* livre de código aberto, simples e básico. Mais de 30 mil dentistas em todo o mundo já utilizam. Criado há alguns anos, foi uma contribuição minha para a Odontologia[*]. Esse *software* apresenta o cadastro de forma sequencial, por número, o que facilita a organização dos documentos. As fichas dos pacientes nas pastas físicas são esquematizadas a partir desses números. Quando peço a minha colaboradora para procurar a ficha da paciente, ela coloca o nome completo no arquivo do computador e aparece o número da ficha. Assim, a localização é rápida e eficiente.

---

[*] GCO Smile Odonto. Gerenciador Clínico Odontológico. Disponível em: <(https://sourceforge.net/projects/godontologico/>. Acesso em: 31 de mar. de 2021.

É inconcebível um profissional construir uma carreira de anos de atendimento e não realizar o cadastro de seus clientes em um banco de dados. Saiba que esse procedimento é muito simples, basta um *software* eficiente e o problema está resolvido. Ademais, com as informações do banco de dados, fica mais eficiente a realização do marketing, pela disponibilidade das redes de consulta.

Por exemplo, você concluiu uma especialização e quer comunicar aos seus clientes a novidade e mostrar o interesse em se aperfeiçoar. Acessando as informações do banco de dados, encaminha um *e-mail* para todos os seus clientes. Festividades como Natal, Páscoa e passagem do ano são excelentes oportunidades para reatar laços com seus clientes. Além disso, em caso de mudança de endereço, pode comunicar seus clientes por SMS, *e-mail* ou WhatsApp, informando o novo contato do seu espaço. É muito eficiente e ainda evita que outro profissional se aproveite de seu antigo endereço e capte os clientes que eram seus. Todo cuidado é sempre válido.

Outra sugestão interessante é utilizar o serviço de agência dos Correios e estabelecer uma parceria, criando um selo próprio para enviar *flyer* ou *folders* em formato carta. Você contrata um pacote e pode enviar todo primeiro dia do mês para os clientes aniversariantes. Com os panfletos prontos, busca no banco de dados os aniversariantes do mês, coloca as etiquetas nas cartas e faz a remessa. Um valor bem baixo. Vale a pena! E ainda deixa seu cliente feliz por ser lembrado.

O que é o selo personalizado[*]?

É um produto customizado que transforma a sua imagem em selo postal. Está disponível em dois formatos, com e sem vinheta.

---

[*] Selos personalizados. Disponível em: <http://blog.correios.com.br/filatelia/?page_id=7460>. Acesso em: 14 de abr. de 2021.

- **Selo personalizado** – sem vinheta: a imagem do cliente é aplicada diretamente sobre a folha base de selos, impressa pela Casa da Moeda do Brasil, com as legendas que caracterizam os selos postais emitidos pelos Correios.

- **Selo personalizado** – com vinheta: conjunto de selo postal com vinheta destinado à aplicação da imagem do cliente cuja folha base é impressa na Casa da Moeda do Brasil, com as legendas que caracterizam os selos postais emitidos pelos Correios.

O conteúdo de imagens vão desde fotografias de pessoas, animais de estimação, marcas de empresa, marcas de comemorações institucionais, promoção de produtos ou serviços e personagens ou obras de cunho artístico, desde que os direitos autorais pertençam ao cliente. Para fazer o pedido, basta ir a uma agência dos Correios, levando a imagem que será impressa ao lado do selo, preencher e assinar o Termo de Solicitação do Serviço de Personalização de Selos Postais.

A importância do software de gerenciamento

Além do cadastro de clientes no arquivamento do banco de dados, ter um *software* de gerenciamento no seu consultório ou clínica ajuda a organizar e dinamizar o trabalho diário, bem como possibilita uma visão macro da realidade financeira do seu negócio. Muitos profissionais ainda relutam em informatizar o seu espaço, principalmente aqueles que possuem consultório com uma ou duas salas de atendimento. Vejo isso com frequência nas consultorias que presto. A colocação é sempre a mesma: "Faço isso há tantos anos e dá certo ou esse negócio é difícil e não dou conta de aprender". Ledo engano! Os *softwares* atuais são simples de serem manuseados, basta um pouquinho de empenho e força de vontade.

Você precisa apenas buscar o *software* ideal para o seu negócio. Existem vários tipos disponíveis, o importante é que tenha acompanhamento de agenda, cadastro de clientes, controle financeiro (optativo), cadastro de profissionais e equipe de trabalho e níveis de acesso para que se saiba quem conectou o arquivo e quando isso aconteceu. Outro aspecto a destacar é instalar um *software* livre, sem pagamento de taxas de adesão. Isso ajuda muito a não aumentar as despesas mensais do seu negócio.

Na minha clínica, utilizo o *software* GCO Smile Odonto há 14 anos. É um programa simples que resolve o dia a dia mostrando o controle dos pacientes agendados, dos cancelamentos e até outras ocorrências que foram significativas. Em torno de 30 mil profissionais fazem uso desse programa em seus espaços odontológicos. Além disso, pelo programa, você consegue ter panoramas mensal, semestral e anual, que favorecem saber a evolução financeira da clínica ou do consultório, quantos pacientes novos se cadastraram, quantos pacientes antigos retornaram e a taxa de cancelamento de consultas. Assim, fica mais fácil avaliar a qualidade do seu investimento em marketing para a adesão de novos clientes e a fidelização dos clientes antigos.

A seguir, o QR CODE para acessar o aplicativo GCO Smile Odonto e instalar no seu consultório ou clínica.

https://sourceforge.net/projects/godontologico/ ou
https://www.smileodonto.com.br/gco/home.

CAPÍTULO 14
QUAL A IMPORTÂNCIA DE SE CONSTRUIR UMA BOA IMAGEM PROFISSIONAL?

Em capítulos anteriores, mencionei a importância de ter um espaço apresentável, organizado e com bom atendimento para fidelizar a clientela. Afinal, uma boa apresentação é o cartão de visitas para atrair novos clientes. Agora, quero comentar sobre outro aspecto importante para que possa estabelecer um bom relacionamento com a sua clientela, a sua aparência. Veja bem, aqui não estou me referindo à beleza física, mas à postura com que recebe as pessoas no seu espaço.

No início da carreira ou ao longo da trajetória profissional, muitos especialistas descuidam da aparência. Saiba que a clientela repara e, em alguns casos, até se afasta, sem o profissional se dar conta de que está relacionado a esse aspecto. Minha proposta é levá-lo a refletir sobre esse assunto para que encontre a melhor forma de se apresentar ou para manter uma postura ao longo de sua carreira.

O profissional da área odontológica é autônomo, por isso ele mesmo faz as regras no seu espaço. Não há um padrão para vestir, não existe uniformização. Mas deve existir bom senso. E o profissional, como já disse, deve ser o exemplo para seus colaboradores. Você não precisa usar terno e gravata, a não ser que queira, porém precisa cuidar da sua imagem enquanto estiver no ambiente. Roupas decotadas, apertadas, malcuidadas ou curtas demais não são recomendáveis. O ideal é que tenha um estilo e mantenha-o ao longo de sua carreira. Uma calça jeans, uma camiseta ou uma camisa polo para os homens são opções interessantes; para as mulheres, uma blusa confortável e uma calça ou saia também podem ser boas opções.

Alguns profissionais preferem usar roupa branca. Isso é opcional. O importante é que esteja sempre limpa e ajustada ao corpo, demonstrando que tem esmero ao vestir, assim como com o seu espaço e com o seu cliente. Mantenha o cabelo bem penteado. Caso seja comprido, procure prender na hora da consulta para evitar que os fios toquem nos instrumentais ou mesmo no paciente. Se optar por barba, mantenha-a sempre aparada e bem escovada.

As recomendações que mencionei nos parágrafos anteriores parecem óbvias, porém nas consultorias que realizo já presenciei algumas situações complicadas, principalmente com profissionais com mais tempo de atuação. De sapato desgastado a uniforme sujo, algumas das situações que visualizei ao longo dos meus mais de 20 anos de trabalho. E isso não pode acontecer. Nós trabalhamos com a saúde, é essencial que estejamos bem apresentáveis. O cuidado com a limpeza e a higiene é fundamental. Afinal, é necessário não expor o seu paciente ou você mesmo a vírus e bactérias que podem complicar um processo.

Outro aspecto importante é quanto a perfumes ou desodorantes fortes, principalmente em dias quentes, ou mesmo sudorese excessiva. Lembre-se de que você estará próximo ao paciente e não poderá exagerar em nada. Mantenha sempre o ar-condicionado ligado em uma temperatura agradável. Caso transpire muito, procure encontrar uma forma de amenizar o problema, sem que o cliente perceba.

Em horário de atendimento, evite ficar transitando pela rua, para ir ao banco ou comprar algo, por exemplo. Contrate uma pessoa para resolver essas situações, para que você não precise fazer isso. A rua é um lugar com vários tipos de contaminação e cheiros diversos, que impregnam na roupa. Outro ponto importante também é não fumar durante o período de atendimento. Se você tem esse hábito, faça-o fora do consultório. É desagradável o paciente sentir odor de cigarro ao ser tratado, principalmente se apresenta algum quadro alérgico.

Outro ponto negativo ao ficar transitando muito pela cidade e ser visto em horário comercial, principalmente em cidades pequenas, é a imagem de que você não tem pacientes e está com tempo ocioso. Quem é muito visto fora do consultório em horário comercial passa a imagem de que não tem paciente.

Por mais que a sua vida esteja difícil, você deve receber seu paciente sempre com um sorriso. Ele não precisa saber dos seus problemas, das brigas conjugais ou se você levantou de mau humor. Seja receptivo com a clientela, evite discutir questões polêmicas ou abordar notícias trágicas. O profissional odontológico precisa ser empático com seu paciente. Muitas pessoas têm aversão à cadeira de dentista e chegam apreensivas ao consultório.

É fundamental que você conheça seu paciente e entenda os medos dele. Se o paciente fica nervoso diante de um tratamento dentário, deixe um espaço maior na sua agenda para atendê-lo. Passe confiança, seja calmo, tranquilo, converse assuntos que tenha afinidade com o paciente (daí a importância de uma ficha detalhada da clientela), entenda o que ele sente. É preferível perder um tempo a mais com um cliente do que perdê-lo pela sua falta de tato com a situação. Em alguns casos, um paciente pode passar mal na sua cadeira – hipertensos, por exemplo. Portanto, seja cauteloso, converse com seu paciente e entenda as necessidades dele.

O consultório é o seu local de trabalho e a clientela se formará pela sua conduta como profissional e como pessoa. Então, evite atrasos, seja receptivo ao seu cliente, pondere a fala evitando assuntos constrangedores ou que não respeitem a individualidade da pessoa, a concepção religiosa, as crenças, o modo de vida ou a orientação sexual. Não julgue, não fale demais, cuidado com as piadas. Também evite ficar calado demais. Uma boa música ajuda muito a relaxar o ambiente e o paciente. Seja dinâmico, mas eficiente.

Isso é o que chamamos de odontologia humanizada. Respeitar o paciente como pessoa, orientar em suas dúvidas, acolher em seus receios, ser empático acima de tudo. Essa conduta fará com que também seja respeitado como profissional e criará fidelização de clientes. Lembre-se de que, se a pessoa se sentir acolhida, ela voltará e indicará o seu trabalho para outras pessoas.

Posso fazer uso das redes sociais para divulgar meu perfil pessoal e profissional?

Esta é uma pergunta que os alunos sempre me fazem. As redes sociais podem ajudar muito o profissional na divulgação de seu trabalho, mas também podem prejudicar, se fizer mau uso delas. Atualmente é comum você encontrar nas redes sociais qualquer pessoa ou informação que procure. É um caminho rápido e eficiente de obter informações. Porém, redes sociais, como o próprio nome diz, é uma rede de informações da vida social de uma pessoa. Por isso, a necessidade de evitar abusos em relação ao que posta na internet.

Temos vida fora do consultório, na família, com os amigos, relacionamentos amorosos, viajamos, vamos a festas, saímos com os amigos. E precisamos disso para que possamos relaxar e para que tenhamos contato social. Agora, como profissional, há vários anos no mercado, recomendo que tenha restrições ao expor muito a sua vida. Às vezes, de forma inocente, estamos em uma festa ou uma reunião com amigos, acabamos bebendo demais e perdemos a noção da realidade. Um amigo ou conhecido filma a situação ou registra em fotos e coloca nas redes sociais. Eis aí uma situação complicada.

A minha dica é que mantenha as redes sociais com 70% da vida profissional e 30% da vida pessoal. Assim, evita a exposição constante. Vale lembrar aqui que você precisa ter cuidado também com a parte profissional; no capítulo 13, já mencionei o que pode ou não divulgar. De maneira nenhuma exponha um procedimento ou tire foto do cliente em atendimento ou pós-atendimento. Caso o cliente queira fazer a foto, verifique como será a divulgação da imagem. Cuidado também com brincadeiras com colaboradores ou outras pessoas que frequentam o seu espaço. Você é o exemplo, não se esqueça disso.

Algumas sugestões para que divulgue nas redes sociais são: foto em família, em um evento de saúde, em um congresso ou curso de especialização, foto de conclusão de curso, reforma do espaço, novo endereço. Seja discreto nas postagens. Coloque somente o necessário, não se exponha muito, evite temas polêmicos para não gerar controvérsias em suas redes.

CAPÍTULO 15
COMO FUNCIONA O SEGURO DE RESPONSABILIDADE CIVIL E O AFASTAMENTO TEMPORÁRIO PARA DENTISTAS?

Esta é uma pergunta que muitos profissionais e alunos da área odontológica me fazem nos cursos que ministro. Como autônomos, não temos respaldo em casos de afastamento do trabalho e isso é uma preocupação. Afinal, dependemos do nosso trabalho para sobreviver. As novas tecnologias, como implante, ortodontia e harmonização orofacial, favoreceram o aumento do número de processos e de indenizações a clientes. E isso necessita de atenção e cuidados.

Há de se reconhecer que, diferentemente de épocas passadas, hoje o dentista tem papel social muito amplo. Graças a diversas técnicas desenvolvidas na área, esse profissional tem modificado a vida de muitas pessoas de forma positiva. Um belo sorriso possibilita o acesso a boas oportunidades de trabalho, principalmente com toda a exposição nas redes sociais, favorece as relações amorosas e evita problemas com a autoestima. E não é só isso, a odontologia humanizada preza pela saúde bucal e pelo bem-estar do paciente.

Um bom dentista precisa de atualização constante para acompanhar as novas tecnologias de tratamento e oferecer o melhor a sua clientela. Além de realizar diagnósticos, solicitar exames, prescrever doses e períodos de uso dos medicamentos, atuar em programas de esclarecimento e prevenção de doenças bucais, realizar cirurgias. Muita responsabilidade com variação de resultados que devem estar devidamente protegidos por um seguro adequado.

Por esse motivo, todo profissional da área odontológica precisa se precaver em relação a possíveis processos jurídicos caso um paciente julgue que um procedimento não foi bem realizado. E isso pode ocorrer. Para que tenha algumas garantias, você precisa contratar uma consultora de seguros que garanta uma assessoria jurídica em diversas situações dos procedimentos clínicos realizados e, também, um seguro de afastamento temporário. Caso haja algum acidente e você fique incapacitado de realizar os atendimentos, com o seguro conseguirá honrar suas despesas fixas mensais.

Mas não adianta nada contratar uma consultora de seguros e não se precaver com a documentação do paciente. Saiba que a sua principal defesa é a garantia da documentação durante os tratamentos e procedimentos cirúrgicos. Se tiver a documentação registrada, como as fichas clínicas, fotos, contrato, radiografias, terá muitas vantagens em relação ao processo. É quase certeza que será causa ganha.

O que é um seguro de responsabilidade civil?

O Seguro de Responsabilidade Civil Profissional para Dentista protege o patrimônio do profissional ou do consultório de eventuais ações judiciais decorrentes de falhas na prestação do serviço que causem um dano ao terceiro, incluindo despesas judiciais em sua defesa, acordos e indenizações de outros danos. Ao contratar um seguro de responsabilidade, você estipula um valor de indenização, que pode variar de acordo com suas necessidades. Recomendo que faça uma contratação de valor mínimo de 100 mil reais anuais para que tenha garantias caso ocorra algum problema e necessite indenizar um paciente.

Embora seja bastante improvável que qualquer dentista pretenda causar danos a seus pacientes, a despesa legal de se proteger judicialmente de reclamações de delitos pode ser extremamente alta. Da mesma forma, perder uma defesa legal pode ser o suficiente para acabar com a prática e com a reputação de um profissional. Se perder o caso ou for realizado um acordo judicial ou extrajudicial, o seguro servirá para cobrir todo ou parte do valor da indenização.

O que fazer em caso da necessidade de um afastamento temporário?

Com o Seguro de Renda por Incapacidade Temporária, você ficará protegido financeiramente em casos de afastamento que comprometerá suas economias, por motivo de acidente pessoal ou doença e que venha a ficar afastado totalmente de qualquer atividade relativa à sua profissão ou ocupação remunerada. Aqui vale ressaltar que a mão, para o dentista, é parte fundamental para a realização da profissão, por isso é importante que se faça um seguro para garantir qualquer incidente.

A maioria dos profissionais não possui garantias econômicas caso sofra qualquer tipo de eventualidade. Dependendo da gravidade, é possível que o profissional precise repousar e se ausentar das suas atividades, o que pode gerar uma pausa temporária no recebimento de proventos e, consequentemente, comprometer suas contas básicas como, por exemplo, salários de colaboradores, impostos a serem pagos e financiamentos, além de fazer uso de suas reservas para arcar com o tratamento médico. Portanto, inclua no seu planejamento a contratação de um seguro para que tenha garantias em qualquer situação adversa. Empresas como Unimed, Porto Seguro, Zurich, Mapfre, dentre outras seguradoras, possuem esses serviços.

CAPÍTULO 16
QUAL A IMPORTÂNCIA DE FAZER DECLARAÇÃO DE IMPOSTO DE RENDA?

O utra pergunta recorrente nos cursos que ministro é em relação ao Imposto de Renda. Como cirurgiões-dentistas, temos registro em uma entidade de classe e somos prestadores de serviço na área da saúde. Portanto, a lei nos obriga a fornecer notas fiscais a pacientes, a empresas, a laboratórios e a prestadores de serviço. Caso você tenha um consultório e não tenha empresa aberta, a emissão de recibo como pessoa física é realizada por meio do seu número de CPF; se for dono de uma clínica, atua como empresa e deve emitir nota fiscal como pessoa jurídica usando o número do CNPJ da empresa, também poderá dar recibo para pessoas físicas usando seu CPF.

Parcerias com outras empresas ou planos de saúde solicitam que você tenha empresa aberta para emitir nota fiscal, bem como com convênios odontológicos, empresas com as quais esteja prestando serviço em caso de transação empresarial sem vínculo empregatício, palestras e cursos ministrados. Uma vez por ano, o contador fará o recolhimento das notas fiscais emitidas e gerará um valor a ser pago para a Receita Federal.

O recibo como pessoa física precisa da declaração de Imposto de Renda de Pessoa Física para justificar a movimentação financeira do espaço comercial. Nesses casos, o contribuinte paga pelo teto máximo, já que o consultório não possui grande movimentação financeira, e não paga imposto extra por isso. Caso ultrapasse o teto máximo, o contribuinte precisa pagar imposto proporcional ao que ultrapassou. Portanto, é importante que o profissional tenha toda a movimentação financeira documentada, daí a importância do controle interno e do livro-caixa com todos os campos preenchidos, mencionado em capítulos anteriores.

Para emitir um recibo ao seu cliente, o processo é simples. Em uma papelaria, você compra um bloco de recibo ou solicita a confecção de um bloco personalizado em gráfica, preenche com as informações do seu paciente – não se esqueça de pedir um documento de identificação para registrar corretamente o número do RG e do CPF. A parte mais importante é colocar todos os dados do cliente no canhoto do recibo e arquivá-lo para que possa ser conferido com as anotações do livro-caixa e lançado no Imposto de Renda. Reforço novamente a importância do livro-caixa para que tenha as informações de entrada e de gastos do consultório e da clínica para comprovação no momento de fazer o Imposto de Renda. É importante que registre também as despesas do espaço, não somente entradas. Despesas como material de limpeza, resinas, fios, roupas brancas, uniforme para colaboradores, café, açúcar, bolacha etc. O governo precisa saber que você tem rentabilidade, porém tem gastos na mesma proporção.

Para nós, profissionais liberais, o imposto de renda é muito importante, pois permitirá adquirir um bem caso tenhamos dinheiro em caixa para isso. Sugiro, com o lucro obtido anualmente, ser acumulado em espécie ou em uma conta bancária, para justificar a compra futura de um carro ou uma casa. Esse lucro tem que ser declarado e estar no seu imposto de renda.

Caso você tenha uma pessoa jurídica registrada e atue como profissional para convênios, planos e parcerias com outras empresas para atendimento odontológico, sua clínica deverá emitir uma nota fiscal e você, como dentista, ao atender uma pessoa física, poderá optar em fornecer uma nota fiscal de sua empresa ou um recibo de autônomo em seu nome. Agora, caso você tenha apenas um consultório simples e não possua empresa registrada, deverá emitir somente recibo de tratamento com seu CPF e CRO para pessoas físicas.

Possuir um consultório odontológico particular e não ter uma empresa registrada para gerar um CNPJ limita o volume de pacientes para serem atendidos, isso limita sua renda.

CAPÍTULO 17
QUAIS AS VANTAGENS DE CONTINUAR OS ESTUDOS DEPOIS DE TER CONSTITUÍDO CLIENTELA?

Muitos profissionais me questionam sobre a necessidade de realizar cursos de especialização, aperfeiçoamentos ou capacitação com frequência por serem investimentos altos e já terem clientela formada. A minha resposta a esta pergunta normalmente é a mesma: se quer manter sua clientela, se atualize. Como já mencionei em capítulos anteriores, a Odontologia como área da saúde apresenta muitas inovações nos tratamentos e em recursos que ajudam nos procedimentos do profissional e promovem melhoria no bem-estar dos pacientes. As empresas especialistas na área também estão sempre inovando e apresentando produtos para auxiliar em nossas técnicas e produtos para os pacientes na higiene bucal diária e na prevenção de problemas como cáries e doenças gengivais. E você só acompanha essas inovações participando de congressos, simpósios, feiras especializadas e cursos.

Todo profissional odontológico deve colocar no planejamento pessoal um percentual para cursos de atualização, até pelo fato de que você precisa de certificações com registros para realizar determinados procedimentos no consultório. Com o advento das redes sociais, muitas técnicas são divulgadas pelos influenciadores digitais e mesmo pelas empresas especializadas. Se não tiver o produto para oferecer, o cliente procurará outro profissional para realizar o procedimento. Como profissional da área e professor universitário, considero o estudo fundamental para que o dentista possa ampliar sua oferta de trabalho.

Meu pai tinha o costume de me dizer quando criança que conhecimento não ocupa espaço. Concordo plenamente com ele. Tenho como meta no planejamento reservar um valor para os cursos de especialização. Afinal, como profissional, preciso oferecer o melhor aos meus clientes e, quanto mais capacitado estiver, melhor atenderei meu paciente e resultados mais satisfatórios serão obtidos. A satisfação do meu cliente é uma das minhas técnicas de propaganda. Cliente satisfeito atrai outros clientes. Além do mais, como gestor de uma clínica, preciso ser o exemplo para minha equipe. Por isso, tenho preocupação em sempre estar antenado com as novidades do mercado e instigo meus colaboradores a estarem também, principalmente os parceiros profissionais.

Conhecimento não ocupa espaço e seus estudos, em hipótese alguma, ninguém nunca tomará de você.

Qual a diferença entre cursos de capacitação, aperfeiçoamento, especialização, mestrado e doutorado?

Cursos de capacitação são de curta duração. Por exemplo, o curso de "Sedação com óxido nitroso" contém 96 horas e emite certificado que deve ser registrado para que você possa sedar seu paciente no consultório. Aliás, a prática de sedação sem certificação é ilegal e pode custar a sua credencial profissional. Cursos de aperfeiçoamento são de média duração. Por exemplo, os de Ética ou Bioéticas, Implantes, Ortodontia, dentre outros, contêm de 300 a 600 horas e você se aprofunda nos temas, com teoria e prática. Já os cursos de especialização são mais aprofundados ainda, tanto na teoria como na prática.

Por exemplo, Implantodontia e Ortodontia contêm em média 24 a 36 módulos e você sai especialista em uma área.

O curso de especialização dá direito a registar o certificado no CRO/CFO e mencionar em seus meios de divulgação que você é especialista naquela determinada área. Mestrado e doutorado são cursos de stricto sensu (gerenciados pelo MEC - Ministério da Educação) e têm como objetivo o aprofundamento acadêmico, com possibilidade de pesquisa ou cunho didático para ministrar aulas em nível universitário ou coordenação de cursos na própria universidade ou instituições de ensino superior.

Em minha experiência, aconselho o profissional a fazer um curso de aperfeiçoamento em uma área que tenha afinidade. Caso se apaixone, continue com a especialidade para poder ser reconhecido como especialista na área e, na sequência, mestrado e doutorado, se pretende transmitir seus conhecimentos. Sugiro também que, ao longo de sua vida, escolha duas grandes áreas para seguir e que elas se complementem, por exemplo, Implantodontia e Prótese ou Implantodontia e Periodontia.

CAPÍTULO 18
COMO DEVO PROCEDER NA PRIMEIRA CONSULTA COM MEU PACIENTE?

Esta é uma dúvida frequente nos cursos universitários e é uma ansiedade muito comum entre todos nós dentistas. A minha resposta é que a primeira consulta começa pela recepção do seu paciente, no seu consultório ou na sua clínica. O colaborador da recepção é a primeira pessoa que recebe o cliente e precisa fazê-lo se sentir confortável e orientado pelas informações básicas, inclusive quanto ao preenchimento da ficha cadastral. Por esse motivo, esse colaborador precisa ser bem treinado, ser solícito e ter boa comunicação para que seu cliente não tenha dúvida alguma.

Após o contato com a recepção, o espaço físico é o segundo ponto importante para acolher seu cliente. Um ambiente limpo, bem-arrumado e cheiroso produz uma sensação de bem-estar. A pessoa tem a impressão de estar na própria casa. O espaço não precisa ser luxuoso, mas precisa ser bem cuidado. Aspectos que já comentei em capítulos anteriores.

Ao entrar no consultório, o paciente vivencia a terceira etapa do atendimento e agora o protagonista é você. Receba o paciente com um sorriso, seja carismático, converse com ele, pergunte seu objetivo ao estar ali. É importante essa devolutiva para que comece a traçar o plano de atendimento. Verifique também se o paciente está habituado a fazer tratamento dentário com frequência, se tem alguma fobia, trauma ou qualquer outro problema. Analise a ficha que a pessoa preencheu na recepção, veja se todos os detalhes foram anotados. Mostre interesse pelo problema que o paciente apresentar, proponha soluções.

Pergunte ao paciente o que o incomoda, qual seu maior sonho, seu objetivo com a consulta, e responda firme, com clareza e sabedoria.

Ao concluir o atendimento, seja solícito. Ofereça ajuda para o paciente se levantar da cadeira odontológica, convide-o para se sentar em outra mesa para conversar com calma, olhando nos olhos dele. Explique o tratamento, as possibilidades de solução para o problema, mostre que possui conhecimento sobre o assunto. Oriente o(a) atendente a ser receptivo(a) também no momento de apresentar o valor do tratamento e as condições de pagamento para se ajustar às possibilidades financeiras, de modo que o cliente possa contratar o serviço odontológico.

Como comentei em outros capítulos, a postura diz muito sobre você. Seja receptivo, carismático, solícito, mas mostre conhecimento. A argumentação no momento de apresentar as propostas de solução para o problema será o seu diferencial como profissional. Faça o cliente se sentir seguro e confiar no seu trabalho.

Existem alguns estudos que provam que os três primeiros minutos dentro do consultório odontológico serão decisivos para a satisfação do paciente, um ambiente bem apresentável e confiança ao transmitir seus conhecimentos técnicos são fatores importantes. O paciente deve sair do seu consultório sabendo que existe uma solução e que essa solução caberá financeiramente no bolso dele.

CAPÍTULO 19

ATENDER POR UM PLANO ODONTOLÓGICO PRÓPRIO OU DE ALGUMA OPERADORA?

Nos cursos que ministro, duas perguntas normalmente aparecem:

1. Posso abrir um plano odontológico próprio?
2. Vale a pena atender ou não por um plano odontológico na minha clínica ou consultório?

Quanto à primeira pergunta, você pode abrir um plano odontológico na sua clínica. Para isso, é necessário que haja um registro em um órgão específico e uma empresa constituída com a finalidade de ser um plano odontológico, contendo entre as funções do perfil da sua clínica a especificação dos serviços que prestará.

A partir disso, basta dar entrada com a documentação na Agência Nacional de Saúde Suplementar (ANS), órgão que regulariza esse tipo de serviço, pagar as taxas e esperar a aprovação da regulamentação. Assim que obtiver a autorização para atuar como operadora de plano odontológico, você precisa registrar o produto que comercializará, o tipo de plano que oferecerá na sua operadora.

Por exemplo, a sua operadora possui um plano denominado Prata, que apresenta algumas funções básicas como: tratamento de canal, restaurações, profilaxia, aplicação de flúor. Ou pode oferecer também um plano Ouro, que cobre procedimentos mais caros, como: cirurgia gerais, implantes, dentística restauradora e estética, próteses, implantes dentários e outros serviços.

A ANS exige que sua empresa, como operadora de plano odontológico, siga determinadas regras para que possa continuar funcionando, e elas precisam ser respeitadas para que possa atuar no mercado. Isso vale não só para a sua empresa, como para as afiliadas, empresas credenciadas à operadora.

No início da minha carreira profissional, tive uma operadora de plano de saúde odontológico na minha clínica. Depois de três anos, dei baixa por julgar que não valia a pena. Primeiro, porque você tem um aumento do trabalho administrativo e de prestação de contas individuais de cada usuário do plano, já que precisa comunicar ao órgão responsável o pagamento das pessoas que possuem o plano ou que fizeram a desistência ou desativaram o credenciamento, de forma mensal, trimestral ou semestral. Depois, o retorno financeiro é baixo em relação aos atendimentos particulares.

Caso sua intenção seja ser uma operadora de plano odontológico exclusivo, vale a pena. Mas deverá montar todo um arsenal administrativo para que isso ocorra com excelência. Infelizmente, hoje os dentistas não gostam de atender por planos odontológicos, o que gera muitos conflitos administrativos.

Diferentemente do plano de saúde da área médica, o plano odontológico tem custo baixo para o usuário, mas custo alto para o dentista, já que necessita da utilização de materiais em todos os atendimentos. No caso do plano médico, uma consulta com um especialista muitas vezes não implica uso de material, apenas o atendimento clínico.

Um exemplo para se ter uma ideia do que mencionei é o fato do valor de uma parcela de plano odontológico ao usuário, de 20 a 30 reais por mês; ao ano, ele gasta em média 240 a 360 reais. Esse valor anual muitas vezes não cobre o valor de uma profilaxia ou restauração no particular. Outro fator a destacar é que um plano médico é contratado apenas por garantia, a pessoa não pretende ficar doente para usar. No caso do plano odontológico, assim que faz o plano, os usuários já querem marcar consulta e fazer uso das vantagens para melhorar o sorriso ou tratar algum problema nos dentes.

Agora, essa conta passa a ser interessante caso a sua clínica seja de grande porte e tenha um grande número de profissionais para atender e espaço ocioso. Nesse caso, compensa contratar um ou dois profissionais a mais para atender clientes de empresas parceiras. Por exemplo, em uma empresa que tem 100 funcionários, a tendência é que, a partir do segundo mês, aproximadamente 30 funcionários usem o serviço da clínica. Em termos de montante, essa é a melhor proposta de ganho.

Quanto à segunda pergunta do início do capítulo, recomendo trabalhar com plano de saúde odontológico de outras empresas apenas no começo de carreira. Normalmente, as operadoras de planos odontológicos não respeitam o trabalho do dentista e não pagam adequadamente. Se optar por essa possibilidade, analise bem a oferta, converse com outros profissionais que trabalham com a operadora. Porém, procure não adotar essa estratégia ao longo de toda a sua vida, porque trabalhará muito e não será bem remunerado.

Atender por um plano odontológico no início o deixará com maior visibilidade. Caso o cliente goste do seu atendimento em todos os aspectos discutidos, fará uma propaganda boca a boca e você terá mais clientes particulares provindos dos pacientes do plano odontológico.

CAPÍTULO 20
COMO LIDAR COM A CONCORRÊNCIA DESLEAL?

Eis um assunto delicado para qualquer profissional. É realmente difícil lidar com a concorrência desleal. Como profissional há mais de 20 anos, com experiência de mercado, já passei por uma série de situações conflitantes com outros profissionais, situações delicadas criadas até mesmo pelo leva e traz de informações pronunciadas pelos pacientes. Por esse motivo, quero orientá-lo nessa questão. A primeira percepção que quero que tenha é analisar o seu ponto de vista e do outro, sem julgamentos. Cada pessoa tem um parâmetro para analisar uma situação, pode ser algo realmente complicador para um e de fácil resolução para outro. É isso que precisa ser refletido.

Para alguns profissionais, o preço abaixo de uma tabela da região ou cidade pode ser suficiente para atrair a clientela de outros profissionais da mesma região. No começo, até pode atrair clientes e intimidar os concorrentes. Mas, com o tempo, esse não será mais um referencial. Como disse, com as redes sociais, as pessoas estão muito informadas e sabem diferenciar um bom profissional de outro. Além disso, é fácil consultar uma média de valor para os procedimentos odontológicos. Então, se um profissional cobra um valor baixo demais, o cliente desconfia. Pode até conhecer o trabalho, mas desistirá quando perceber a qualidade do serviço que é oferecido.

Outro ponto que deixa alguns profissionais irritados, e com razão, é criticar o trabalho de outro colega dentista para ganhar clientela. O cliente que procura um profissional para cuidar da sua saúde não quer ficar ouvindo comentários maldosos sobre outros profissionais. Ele quer ser bem atendido, ter o seu problema resolvido e pronto. Com certeza, não se sentirá à vontade em uma situação como essa e com um tipo de comentário como o mencionado.

Também temos uma situação em que o paciente pode mentir, trazendo informações não verdadeiras de alguma circunstância clínica ocorrida com o dentista, isso tentando ter um ponto de vista comparativo e até mesmo conseguir alguma informação sua para voltar ao dentista para tirar satisfação; neste caso, tenha muito cuidado.

O conselho que deixo, portanto, é que preço e crítica não são parâmetros para uma concorrência. Seja um profissional competente, atualize-se para ter critérios no seu atendimento, tenha postura adequada. Não demonstre fraqueza diante de um concorrente, visitando o espaço dele para tirar satisfações ou comentando as atitudes que considera erradas nas mídias sociais. Mantenha a integridade como profissional e da sua clínica.

CONSIDERAÇÕES FINAIS

Espero que você tenha gostado das dicas que passei ao longo do livro e que façam a diferença na sua vida como profissional.

Mas saiba que este é só o começo do processo. O melhor ainda está por vir. Afinal, a carreira que você escolheu trará muitas gratificações e alegrias, inclusive financeiras.

Como disse na introdução deste livro, não quero passar uma fórmula mágica nem uma receita de bolo, pois nesta área não existe uma fórmula para o sucesso. Como vocês viram, são dezenas de situações que devem ser reunidas e precisam de muito bom senso e determinação para se chegar ao topo (ao seu topo). A minha intenção é oferecer diretrizes de comportamentos e de motivação para que seja bem-sucedido, ofertando ao seu cliente um atendimento de excelência para, consequentemente, obter sucesso profissional.

Para isso, o meu trabalho não acaba aqui. A sua participação é muito importante para que eu possa ajudar no seu processo, esclarecendo dúvidas ou sugerindo possibilidades de mudança no seu negócio.

Conte comigo!

Meus contatos

- Site: www.drivanandrade.com.br
- E-mail: dr.ivan.andrade@gmail.com

- Instagram: @drivanandrade
- YouTube: https://www.youtube.com/channel/UCK-10jCzYju_pwjJxtAdDjOg/videos